La Bible des Âmes

Catalogage avant publication de Bibliothèque et Archives nationales du Québec et Bibliothèque et Archives Canada

Gaïa, Bianca, 1964-
La bible des âmes
ISBN 978-2-89436-428-4
1. Âme - Miscellanées. I. Titre.
BF1999.G342 2014 128'.1 C2013-942115-7

Nous reconnaissons l'aide financière du gouvernement du Canada par l'entremise du Fonds du livre du Canada (FLC) pour nos activités d'édition.

Nous remercions la Société de développement des entreprises culturelles du Québec (SODEC) pour son appui à notre programme de publication.

Gouvernement du Québec – Programme de crédit d'impôt pour l'édition de livres – Gestion SODEC.

Infographie de la couverture : Marjorie Patry
Mise en pages : Josée Larrivée
Illustrations : les photos sont une gracieuseté de l'auteure et/ou des participants aux ateliers *Quintessence*. Dessins : Gilles Bélair www.10fusion.net et Martine Dussart www.martine-dussart.be
Révision linguistique : Amélie Lapierre
Correction d'épreuves : Michèle Blais

Éditeur : Les Éditions Le Dauphin Blanc inc.
Complexe Lebourgneuf, bureau 125
825, boulevard Lebourgneuf
Québec (Québec) G2J 0B9 CANADA
Tél. : 418 845-4045 Téléc. : 418 845-1933
Courriel : info@dauphinblanc.com
Site Web : www.dauphinblanc.com

ISBN format papier : 978-2-89436-428-4
ISBN format numérique pdf : 978-2-89436-477-2
ISBN format numérique epub : 978-2-89436-478-9
ISBN format numérique mobi : 978-2-89436-479-6

Dépôt légal : 1er trimestre 2014
Bibliothèque nationale du Québec
Bibliothèque et Archives Canada
Données de catalogage disponibles auprès de Bibliothèque et Archives nationales du Québec.

Imprimé au Canada

Limites de responsabilité

Bianca Gaïa

La Bible des Âmes

Le Dauphin Blanc

Note de l'auteure :

Tous les noms ont été changés pour protéger l'identité des personnes mentionnées dans ce récit.

Table des matières

Préface

Et si toutes les âmes n'en faisaient qu'une dans le grand Tout qu'est l'univers sidéral ? Cela voudrait dire que mon histoire serait la vôtre, que tout ce qui m'est arrivé aurait pu vous arriver et qu'il vous suffirait d'entrouvrir la porte de votre âme pour que tous les enseignements que j'ai reçus vous soient accessibles…

Ainsi, la *Bible des Âmes* se veut un recueil d'aventures pas seulement spirituelles, mais profondément humaines. C'est le récit d'une quête de sens et de réponses fournies par la Source elle-même à travers les événements de la vie courante.

Qu'y a-t-il de vrai dans tout ça ? Que s'est-il vraiment passé et qu'est-ce qui demeure seulement le fruit de mon imagination fertile ? À vous de juger. De toute manière, à mes yeux, ce n'est pas important. Seul ce que vous en ferez compte réellement. De la même manière que je raconte souvent aux gens qui m'entourent que ce n'est pas ce que nous avons vécu dans nos vies antérieures qu'il importe de chercher à nous remémorer, mais plutôt ce que nous choisissons de retenir comme expériences et leçons de vie, ici et maintenant, vous êtes invité à aller au-delà du mystère et du « sensationnel » pour accueillir l'étincelle divine présente en vous et dans tout ce qui vit.

Puissiez-vous vous reconnaître à travers les rencontres, les synchronicités et les innombrables péripéties d'un « maître en devenir », celui que « JE SUIS » et que nous sommes tous !

Votre petite sœur de lumière,

Bianca Gaïa

Chapitre UN

Vivre, un choix ?

« À quoi ça sert de vivre ? Qu'ai-je bien pu faire au ciel pour que l'on m'envoie en *punition* ici, sur terre ? Et si je disparaissais pour de bon, qui s'en soucierait ? » C'étaient les pensées lugubres que je ruminais dans la voiture, au retour d'un repas en tête-à-tête avec mon amoureux, qui s'était, encore une fois, très mal déroulé. Exténuée par mon rôle de mère à temps plein, n'en pouvant plus d'être confinée à la maison avec quatre enfants en bas âge, je reprochais constamment à Serge de ne jamais être présent pour sa famille, de ne pas en faire assez à mes côtés, de ne pas m'aimer suffisamment, *et cetera*, *et cetera*.

Mon mari s'appliquait pourtant de son mieux à concilier travail, famille, ménage, entretien extérieur et nos perpétuelles restrictions financières, le tout avec une bienveillance et une patience infinies. Je n'en demeurais pas moins constamment insatisfaite et profondément malheureuse. Juste à l'idée de retourner dans ce que j'appelais ma « prison dorée », mon cœur se serrait à l'intérieur de ma poitrine. Ressentant une pression de plus en plus grande dans ma cage thoracique, j'en avais le souffle coupé. Croyant faire une crise cardiaque, la panique s'est emparée de moi et j'ai ordonné, ou plutôt hurlé à Serge d'arrêter la voiture sur le bas-côté.

Ouvrant la portière de toutes mes forces, j'ai sorti les pieds de la voiture, me suis penchée vers l'avant (au cas où j'aurais la nausée) et me suis pliée en deux pour abaisser ma tête jusqu'entre mes jambes. L'homme de ma vie, toujours aussi attentionné, a rapidement fait le tour de l'auto pour venir me rejoindre. Vraiment très inquiet, il s'est penché vers moi et m'a frotté doucement le dos – ce que, à l'époque, je considérais comme un geste condescendant qui me faisait horreur !

« Est-ce que ça va ? » m'a-t-il demandé innocemment.

« Bien sûr ! me dis-je ironiquement. Je suis juste sortie prendre l'air ! » Or je ne pouvais lui répondre aussi vivement que je l'aurais souhaité : j'avais déjà trop de peine à me demander s'il m'était encore possible de respirer avec ce rouleau compresseur qui me broyait les poumons ! Comment aurais-je pu savoir que j'étais en pleine crise d'hyperventilation ? Cela ne m'était jamais arrivé avant…

Puis, tout d'un coup, sans crier gare, j'ai éclaté en sanglots bruyants. Ne pouvant plus contenir toute l'anxiété et tout le désespoir qui m'accablaient, le barrage d'émotions que je ravalais depuis des mois s'est rompu pour déverser un torrent de larmes ininterrompu pendant de longues minutes. Soulagé de me voir pleurer plutôt que d'être à l'article de la mort, Serge s'est tenu coi à mes côtés, attendant que l'orage passe. Il sait bien que, dans ces cas-là, il vaut mieux me laisser à moi-même…

Ayant peine à émerger de mon état de terrible dévastation intérieure, à travers mes pleurs larmoyants et mon nez coulant, j'ai quelque peu réussi à formuler mon insoutenable détresse :

« Je voudrais tellement mourir ! En finir une fois pour toutes ! Ne plus avoir à souffrir, à subir cette vie d'enfer où je n'ai pas ma place !

– Mais, tu as ta place, murmura Serge. Tu as moi, les enfants, ta famille, tes amis… Nous t'aimons tous tellement ! »

Et me voilà repartie de plus belle ! Comment mon amoureux, si calme et serein de nature, lui qui s'émerveille si facilement et trouve le moyen de s'amuser de tout et de rien, comment pourrait-il comprendre la souffrance incommensurable qui tenaille mes entrailles ? Ce tourbillon de tristesse, de lassitude, de découragement et ce sentiment d'inaptitude continuel m'entraînent irrémédiablement vers un gouffre sans fond et m'amènent à penser que la vie ne vaut pas la peine d'être vécue, que je serais bien mieux là-haut, au paradis… Mes sanglots se transforment en gémissements convulsifs. Le corps secoué de spasmes, je hoquette des années de misère et d'apitoiement sur moi-même.

Au bout d'une vingtaine de minutes, épuisée et apathique, je sombre dans un brouillard confus. Serge en profite pour me ramener à l'intérieur de la voiture, rattacher ma ceinture et se remettre au volant. « Les enfants nous attendent, se dit-il sans doute. Ça nous coûte cher de gardienne, quand même. » Non, bien entendu, mon amoureux ne serait pas aussi mesquin. Il doit se sentir désolé et bien impuissant, comme d'habitude. C'est moi qui vois encore tout en noir.

Nous rentrons à la maison et je me mets aussitôt au lit pour continuer de remâcher toutes les injustices qui ont marqué mon existence : avoir eu des parents souvent violents, une adolescence ingrate, des amis qui m'ont laissé tomber, un mari qui ne me comprend pas, un premier-né ayant passé trois ans entre la vie et la mort, une petite fille régulièrement en rébellion contre moi, un troisième enfant replié sur lui-même et un petit dernier aux tendances hyperactives… De quoi vouloir sauter par la fenêtre, décidément !

Sans compter la culpabilité qui me ronge, le sentiment de m'être attiré tout ça parce que ce n'est, au fond, que ce que je mérite. Je ressasse sans cesse les mêmes commentaires négatifs à mon propre sujet : tous mes pires défauts y passent, mes erreurs, mes échecs, mes rêves brisés (j'aurais voulu être missionnaire en Afrique)... Une fois mes larmes taries, je finis par m'endormir, éreintée et drainée de toute mon énergie vitale.

Le lendemain, un samedi, Serge me propose de prendre soin des enfants pour que je puisse me reposer. Il m'invite même à aller rendre visite à une amie ou à sortir faire un tour quelque part pour me changer les idées. Mais où irais-je dans cet état lamentable ? Vers qui pourrais-je me tourner pour mettre un baume sur mes plaies vives ou rassurer mes tourments infernaux ? Je reste prostrée toute la journée dans mon lit, sans boire et sans manger, espérant vainement mourir d'une grève de la faim...

Dans la soirée, une fois les enfants endormis, Serge vient me rejoindre dans la chambre et m'explique qu'il a téléphoné à une thérapeute proposée par une amie et qui, dit-il, a accepté de me recevoir en urgence dès lundi matin. Mon cher mari a déjà avisé son patron qu'il prendrait un jour de congé pour veiller sur notre progéniture tandis que j'irais à mon rendez-vous. Je me rebiffe un peu, pour la forme. Dans l'état où je suis, je n'ai guère la force de me disputer avec lui. Il part dormir dans l'une des chambres des enfants me laissant seule avec mon désespoir sans fond.

Je ne me souviens même pas de la journée du dimanche. Engourdie par ma mélancolie, je n'ai pas vu le temps passer. Aux premières heures, lundi, comme promis, mon gentil mari prépare le petit-déjeuner pour tout le monde et habille toute la marmaille afin de venir me reconduire à mon rendez-vous. Il insiste même pour demeurer sur place afin d'être là lorsque je sortirai du bureau. Heureusement, il y a un parc tout près où les enfants pourront aller jouer en attendant.

Pour ma part, c'est dans une complète indifférence que je pénètre dans une maison quelconque d'un banal quartier résidentiel pour rencontrer une femme dont je suis d'avance convaincue qu'elle ne pourra rien faire pour moi. Hélas, je dois avouer que ce n'est pas la première fois que je consulte un spécialiste en santé mentale. Ayant fait ma première tentative de suicide à seize ans, j'ai fait face dans ma vie à une multitude de psychologues, médecins, psychiatres et autres. Étant particulièrement douée pour « lire » à travers les gens depuis ma tendre enfance, j'ai fini par développer un sixième sens qui me permet non seulement de cerner aisément leurs intentions, mais de les « manipuler » à ma guise. Il va donc de soi que, si cette nouvelle intervention ne m'enchante guère, je ne peux m'empêcher de me demander à quoi elle pourrait me servir, mis à part me faire perdre mon temps...

Pourtant, à mon grand étonnement, la vie me réservait une surprise de taille ! Danielle, la dame, debout devant moi, semble jouir des mêmes facultés que moi, puisqu'elle me lance d'emblée, sans même me saluer :

« Je sais ce que tu penses ! Tu te dis que personne ne te comprend et que si tu oses dévoiler qui tu es vraiment, on voudra t'enfermer à double tour dans un hôpital psychiatrique. Tu gardes tout en dedans de toi et cela te ronge à l'intérieur. En réalité, tu es déchirée entre deux mondes : ici et là-haut ! Tu ne te sens pas digne de vivre, mais au fond, tu es trop lâche pour t'enlever la vie ! »

« Houlala ! me dis-je. Ça joue dur ! Moi, lâche ? Mais qu'est-ce qu'elle me raconte, celle-là ! » Je suis sidérée. Je n'ai même pas encore ouvert la bouche qu'elle me juge, me dénigre, me pointe du doigt. Je sens monter une intense colère en moi, mais avant même de pouvoir rétorquer quoi que ce soit, cette petite bonne femme haute comme trois pommes continue sur sa lancée :

« Pauvre petite âme en détresse, tu crois que personne ne t'aime alors qu'en vérité, c'est toi-même qui as de la difficulté à ressentir de la compassion pour ton cœur souffrant ! Si tu savais combien tu es aimée, bénie et adorée par tous ceux qui t'accompagnent de l'autre côté du voile ! »

Je ne peux m'empêcher de ressentir une étrange chaleur m'envahir alors que la thérapeute continue de discourir d'une voix paisible et douce.

Ma colère s'estompe peu à peu et le poids qui comprimait ma poitrine s'allège distinctement pour laisser place à un subtil sentiment de soulagement irrépréhensible. « Et si c'était vrai ? me suis-je étonnée à penser durant un instant fugace. Se pourrait-il que quelqu'un au ciel ait enfin entendu ma prière ? »

Je me ressaisis en vitesse : surtout, ne pas accorder foi à de telles foutaises ! Le danger rôde. Si je baisse ma garde, qui sait ce qui pourrait m'arriver ? Je me renfrogne sur moi-même et prends un air boudeur.

« C'est n'importe quoi ! Vous essayez de m'amadouer, mais ça ne marchera pas ! Je vois clair dans votre jeu !

– Mais, de quoi as-tu peur, ma belle enfant ? Toi qui crois que la planète et l'univers tout entier sont ligués contre toi, que pourrait-il t'arriver de dramatique, ici et maintenant, à part ce que TU te fais subir à toi-même ? »

Des larmes que je n'avais pas senti monter en moi s'échappent de mes yeux ahuris. Toute ma tristesse des derniers jours refait surface en une seconde. Je me sens ployer sous le poids du fardeau que je porte inconsciemment sur mes épaules depuis des années. Sans même réfléchir, je m'affale sur la chaise la plus proche et prends ma tête entre mes mains, émettant un long soupir lourd de sous-entendus.

« J'ai tellement mal en dedans ! À quoi ça sert de se battre pour avancer dans la vie ? Il y aura toujours de la souffrance, des déceptions, des malheurs et des gens qui meurent… Comment être heureux dans tout ça ?

– Pourquoi tu restes, alors ?

– Eh bien, je n'ai pas vraiment le choix, pas vrai ? (Un long sanglot m'étrangle la gorge.) J'ai entendu dire que tous les suicidés vont en enfer… Je ne veux quand même pas "brûler" pour l'éternité ! »

Je vois bien que Danielle tente tant bien que mal de réprimer un sourire. Moi-même, je suis plus ou moins convaincue de ce que j'avance.

« Si c'est tellement invivable pour toi ici, sur Terre, au point que tu crois que l'enfer ne pourrait pas être pire, pourquoi ne choisis-tu pas de partir, tout simplement ?

– Je ne peux pas ! (Ma voix se brise et je tremble de tous mes membres.) J'ai peur ! Il paraît que, de toute façon, si je me suicide, je vais être obligée de revenir et de tout recommencer du début. Ça me semble tellement horrible ! Oh ! Je n'en peux plus, c'est trop dur !

– Mais tu as le choix ! C'est toi qui décides et personne d'autre !

– Je ne peux pas faire ça à mon mari, à mes enfants ! Je ne veux pas les laisser tomber ! Mais, en même temps, je vois bien que je suis un poids pour eux, qu'ils seront bien mieux une fois débarrassés de moi ! »

La thérapeute rapproche une chaise de la mienne et s'y assoit de manière à pouvoir me regarder droit dans les yeux :

« Tant que tu crois que tu n'as pas le choix, que tu subis les malheurs qui surviennent dans ta vie, c'est évident que tu continueras de souffrir. Mais, si tu prends conscience que c'est toi qui décides, que TU es celle qui crée tout ce qui t'arrive, tu peux alors faire un nouveau choix et passer à l'action pour faire advenir le meilleur… pour TOI d'abord et ensuite pour les autres !

– Comment ce pourrait être possible ? Ce n'est pas moi qui ai fait en sorte que mon fils naisse malade, que mes parents m'aient frappée quand j'étais petite, que tout le monde me laisse tomber…

– Si TOI, tu te laisses tomber, comment les autres pourraient-ils te traiter autrement ? Et quand bien même ils te donneraient le meilleur d'eux-mêmes, si tu es certaine de ne pas le mériter, crois-tu que tu te permettras d'accueillir leur amour ou de recevoir les cadeaux qu'ils ont à t'offrir ? »

Je secoue la tête, impuissante. Je ne suis pas sûre de tout comprendre. Un élan de culpabilité s'infiltre dans mon cœur. Tout est donc ma faute, encore une fois ! Les gens me veulent du bien, mais c'est moi qui refuse d'accepter ce qu'ils me donnent... Je me redis que je suis un monstre et que je ne mérite pas de vivre.

Danielle doit sentir ce qui se passe en moi, car elle ajoute :

« La vie nous traite comme nous nous traitons nous-mêmes. Il n'y a pas de solution miracle ou de réponse toute faite pour éliminer les problèmes dans notre vie. Nous ne pouvons changer ce qui se passe à l'extérieur qu'en modifiant nos pensées et notre vision intérieure. Et si tu étais invitée aujourd'hui à transformer le regard sévère et intransigeant que tu portes sur toi-même ? Est-ce si difficile pour toi de croire qu'il existe une petite étincelle de lumière en dedans de toi ? Une partie bonne et généreuse, douce et conciliante. Tu la connais bien, cette part de toi, mais, jusqu'à maintenant, tu t'es contentée de la mettre au service des autres plutôt que de prendre soin de toi et de répondre à tes propres besoins...

– Je ne veux pas être égoïste ! J'ai souvent eu l'impression que mes parents ne pensaient qu'à eux-mêmes et je ne voudrais pas que mes enfants se sentent rejetés comme moi je l'ai été...

– Mais, pendant ce temps, TU te rejettes toi-même ! Tu négliges l'essentiel : tes rêves, tes désirs, tes projets et tous ces talents dont la vie t'a dotée...

– Si, au moins, les autres ne sont pas malheureux à cause de moi, c'est ça, le plus important, non ? »

Avec un sourire lumineux qui se reflète jusque dans ses yeux, Danielle me prend la main et s'approche tout près de mon oreille pour me souffler doucement :

« Comment ton mari et tes enfants pourraient-ils être heureux s'ils sentent que TOI, tu ne l'es pas ? Ce n'est pas ce que tu dis ou fais pour eux qui compte, mais bien ce que tu leur enseignes par l'exemple... Si tu te sacrifies pour eux, ils apprennent à se sacrifier à leur tour. Tandis que si tu prends soin de toi et que tu optes pour ce qui te nourrit à l'intérieur, ils suivront ton exemple en faisant de même dans leur vie. N'est-ce pas ce que tu souhaites le plus pour eux : qu'ils deviennent autonomes et pleinement épanouis à chaque instant ? (J'acquiesce en hochant la tête.) Alors, deviens un modèle à suivre : choisis de t'amuser, de te faire plaisir et d'écouter tes besoins pour qu'eux puissent apprendre à faire la même chose... C'est si simple, quand on y pense ! »

Je demeure songeuse. L'éternelle rebelle à l'intérieur de moi réagit alors :

« Mais, si chacun ne fait que s'amuser et prendre du bon temps, qui assumera toutes les responsabilités et fera tourner le monde ? C'est bien beau, tout ça, mais si moi, je donne ma démission, qui reprendra mon rôle de mère ? Qui fera le ménage, les repas, prendra soin des enfants et payera les factures ? C'est une utopie de croire que l'on peut faire seulement ce que l'on veut !

– L'utopie, c'est de penser que l'on n'a pas le choix et que ce sont les autres ou la vie qui décident pour nous ! On attire sans cesse les mêmes problèmes, les mêmes conflits, les mêmes malaises... Puis, on croit qu'en répétant toujours les mêmes gestes et les mêmes erreurs, on finira par sortir de ce cercle infernal et trouver enfin le bonheur... dans la maison de nos rêves, auprès du prince charmant, entourée d'une ribambelle d'enfants enjoués et d'un chien fidèle. Sois franche : au fond de toi, tu sais bien que la vie n'est pas comme ça ! Le bonheur n'arrive pas "une fois pour toutes". Le bonheur ne viendra jamais frapper à ta porte tout simplement parce qu'il n'existe pas "en dehors" de toi… Il prend naissance dans le silence de ton cœur, dans le contentement et la satisfaction lorsque – pour une fois – tu choisis enfin de te faire passer en premier dans TA vie… C'est une question de choix et non de mérite ! »

Je reste perplexe. Me choisir ? M'amuser ? Répondre à mes besoins ? Que tout cela semble abstrait à mes yeux… Je ne saurais même pas par où commencer. Danielle m'invite, au cours des prochains jours, à faire une liste d'au moins cinq façons différentes de me faire plaisir : cinq activités, loisirs ou petites attentions qui me permettront de prendre du temps de qualité « juste pour moi », sans attente et sans recherche d'obtention d'un résultat quelconque. Quel défi ! Je sens qu'il faudra que je me creuse les méninges ! Au plus profond de mon cœur, une petite voix me dit : « Et si j'essayais ? Ça ne peut pas me faire de mal ! » Je m'accroche de toutes mes forces à cette petite lueur d'espoir, au cas où elle réussirait à raviver la flamme de vie en moi-même.

Juste avant de me laisser partir, Danielle me propose de me lever et d'examiner la position de mon corps une fois debout. Je ne tremble plus, mes émotions semblent s'être calmées et, pourtant, lorsqu'elle appuie sur mon épaule pour me déstabiliser un peu, je me rends compte que je tiens à peine sur mes jambes.

« C'est normal, me dit-elle. Toute ton énergie est logée dans le haut de ton corps. Tes pensées accaparent ton esprit et tes émotions alourdissent ton cœur. Tu dois donc faire descendre l'énergie dans tes pieds pour bien t'ancrer et retrouver ta solidité intérieure. C'est facile : il te suffit d'écarter légèrement les jambes, de fléchir un peu les genoux et de détendre tes épaules en abaissant les bras doucement le long de ton corps. Puis, tu fermes les yeux et tu prends trois grandes inspirations très profondes en t'assurant de bien gonfler ton abdomen et d'expirer en vidant complètement tes poumons. »

Je m'applique de mon mieux, mais la thérapeute me fait recommencer trois fois afin que j'arrive à ressentir l'air jusque dans le bas de mon ventre. Avant que je n'aie le temps de rouvrir mes yeux, Danielle redépose sa main sur mon épaule et me pousse à nouveau. Cette fois, je ne bouge pas d'un pouce. Je sens vraiment la différence dans mes jambes, dans ma poitrine et dans ma tête. Je suis « toute là » : solide et forte, mais en même temps calme et, pour une fois, exempte de tristesse.

« Tu vois, me dit Danielle, ce n'est pas plus compliqué que ça ! Quand tu te sens énervée, hypersensible, dispersée ou inquiète, il te suffit de prendre trois bonnes respirations profondes en visualisant l'énergie qui descend dans tes pieds pour que tu retrouves l'équilibre en dedans et une certaine paix en toi-même… »

Bon, j'avoue qu'une partie de moi doute que ça puisse fonctionner efficacement quand les enfants se chamaillent ou lorsque je n'arrive pas à boucler mon budget mensuel, mais, pour l'instant, j'essaie juste de savourer ce bref moment où mon corps n'est pas perclus de douleur, de peur et d'anxiété. Ah ! Si seulement cela pouvait durer…

La thérapeute me suggère de revenir la voir dès la semaine prochaine, ce que j'accepte avec empressement. Et si, pour une fois, la chance était de mon côté ?

Chapitre DEUX

La maladie, un «doux leurre»?

Je n'ai malheureusement pas pu me rendre à mon prochain rendez-vous. Trois jours après avoir rencontré Danielle, je me suis réveillée au petit matin avec une cuisante douleur dans le bas-ventre. Pliée en deux, le teint verdâtre et le cœur à la flotte, je me sens fiévreuse et mal en point comme jamais auparavant. Je passe les deux journées suivantes au lit, mais les crampes ne font qu'empirer et la fièvre perdure malgré ma prise de médicaments assidue. Je ne peux plus rien ingurgiter et suis régulièrement secouée de frissons incontrôlables. Serge insiste pour que j'aille consulter un médecin sans délai.

À l'urgence, après, bien entendu, des heures d'attente interminables, on finit par me faire passer une batterie de tests pour m'annoncer de but en blanc que je fais une pancréatite aiguë. Le médecin constate que je suis sévèrement déshydratée et voudrait m'hospitaliser pour m'alimenter par voie intraveineuse. Je rétorque à cor et à cri que c'est impossible: je ne peux absolument pas m'absenter de la maison, n'ayant personne pour prendre soin de mes enfants, et mon mari ayant déjà dû manquer plusieurs journées de travail à cause de moi !

Le médecin comprend mon désarroi, mais m'explique que la seule façon de guérir mon pancréas exige un repos absolu et une hospitalisation pouvant durer plusieurs jours, voire plus. En fait, il a parlé d'une convalescence de six semaines au moins, mais j'ai fait comme si je n'avais rien entendu et je suis retournée à la maison avec des antibiotiques à prendre par voie orale.

Après une longue agonie qui dura quelques jours de plus, j'ai dû me rendre à l'évidence que ce ne serait pas possible de m'en sortir toute seule. Prenant mon courage à deux mains, rassemblant le peu d'énergie qui me restait, je me suis mise au téléphone pour trouver quelqu'un qui pourrait s'occuper de mes enfants en dehors de la maison – du moins durant la journée. Mais, ce n'était pas encore assez. J'ai donc dû me résoudre, la mort dans l'âme, à écouter les recommandations du médecin et à aller me reposer pendant quelque temps. Mais où ? N'ayant plus beaucoup d'amis à qui faire appel étant donné que je m'étais un tantinet repliée sur moi-même depuis plusieurs mois, j'ai osé téléphoner à une copine d'université que j'avais perdue de vue depuis plus de dix ans, mais qui, m'ayant récemment croisée dans la ville voisine, m'avait raconté qu'elle était à la recherche d'un ou d'une coloc pour partager le magnifique chalet qu'elle venait de louer dans les Laurentides.

Essayant tant bien que mal de me convaincre qu'une semaine ou deux seraient suffisantes pour retomber sur mes pieds, c'est en maugréant contre la guigne, que j'ai tendance à m'attirer sans répit, que j'ai préparé mes bagages. Avant mon départ, pour me donner bonne conscience, je suis allée faire les courses, j'ai fait le ménage de la maison, du plancher jusqu'au plafond, et j'ai préparé une bonne quantité de repas congelés pour que Serge n'en ait pas trop sur les bras à son retour du travail.

Je suis donc arrivée complètement à bout de souffle au chalet de ma copine Francine. Je crois que je n'ai fait que dormir pendant plus de quarante heures d'affilée ! Un malheur ne venant jamais seul, mon sommeil s'est avéré peu réparateur, puisque constamment perturbé par des cauchemars, mais aussi par toutes les peurs, culpabilités et angoisses qui continuaient de me miner en dedans.

Mon amie m'avait suggéré de jeûner pour détoxifier mon organisme. Elle m'apporta donc plusieurs fois par jour de l'eau purifiée dans laquelle elle avait pressé quelques citrons, favorisant ainsi l'élimination des toxines emmagasinées dans mon pancréas, mais aussi dans mon foie, mes reins, mes intestins, *et cetera.* Le bien-être apporté à mon métabolisme se reflétait peu à peu sur mes humeurs : au bout de quelques jours, j'ai cessé de pleurer et de m'apitoyer sur mon sort. La douleur s'est estompée et j'ai même réussi à sortir faire quelques pas dehors, dans la nature.

J'essayais d'apprécier le paysage enchanteur qui m'entourait : la verdure à perte de vue, le petit lac entouré de joncs, le chant des oiseaux de toutes sortes et le tintamarre joyeux des ouaouarons… Toutefois, je m'ennuyais de mes enfants et je me sentais coupable d'avoir laissé toute la charge de travail à mon mari, ne me donnant pas le droit de savourer le moment présent et de profiter de cet endroit paradisiaque…

« Comment veux-tu guérir, me demande Francine, si tu restes tout le temps centrée sur les autres plutôt que de te reposer et de te permettre de lâcher prise ?

– Je ne peux pas ! Je suis tellement inquiète pour mes enfants ! Ils sont dans une garderie plutôt que dans leurs affaires, en sécurité à la maison. C'est la première fois que je les laisse seuls si longtemps ! S'il fallait qu'il leur arrive quelque chose, je ne me le pardonnerais jamais !

– Le problème, c'est que tu te donnes à 100 % à chacun de tes enfants, à chaque instant, m'a-t-elle affirmé tout de go. Ne vois-tu pas qu'au total, ça fait 400 % ? Tu es comme un feu roulant à chaque seconde, jour et nuit. Pas étonnant que tu sois “au bout du rouleau” ! Rends-toi compte que, même avec toute la meilleure volonté du monde, il t'est impossible d'être présente pour chacun d'eux à chaque moment de leur existence. Au mieux, même en te “séparant en quatre”, tu ne peux leur accorder que 25 % de toi-même… Et ça, c'est sans compter tout le reste : ton mari, ta maison, ton travail, etc. Il ne te reste plus une seule minute pour répondre à tes propres besoins ! C'est tout à fait normal que ton corps ait lâché, le pauvre ! »

Oups ! J'ai perdu le fil… Je suis restée accrochée à l'image des 25 %. Je ne peux donner qu'un quart de moi-même à chacun de mes enfants ? Mais quelle mère indigne je fais ! Ils auraient besoin de tellement plus ! Je me noie dans la culpabilité la plus néfaste qui soit. Décidément, je constate que je me sens totalement responsable de la qualité de vie, que dis-je, de l'entière survie de chacun de mes rejetons ! C'est grâce à moi s'ils sont heureux et que tout va bien… et c'est ma faute s'il leur arrive quoi que ce soit de triste ou de fâcheux ! Mon anxiété à leur égard n'a d'égal que le constat de mon impuissance à prendre soin d'eux adéquatement.

Heureusement, mon amie « allumée » n'en a pas fini avec moi :

« Et si Dieu, dans sa grande bonté, avait conçu les anges gardiens sachant qu'il était impossible pour chaque maman du monde d'être là pour veiller continuellement sur ses enfants ? Chacun de tes enfants a un ange bienveillant pour le protéger, l'accompagner et le guider sur la route qu'il a choisie… Il est peut-être temps pour toi de les laisser accomplir leur travail et cesser de vouloir tout faire à leur place ? ! »

Étrangement, alors que j'ai toujours été très ouverte aux présences lumineuses qui accompagnent la vie de chaque être humain sur terre, je ne me suis jamais penchée sur la question des anges gardiens de cette façon-là. À mes yeux, les anges sont des messagers du ciel. Ils nous « enseignent » la voie à suivre en nous « insufflant » l'amour divin illimité. Je n'ai jamais cru qu'ils pouvaient véritablement « intervenir » dans la vie de quelqu'un…

Bien entendu, dans le monde entier, des croyants sollicitent chaque jour leur intercession à travers leurs prières. La plupart des individus leur demandent de leur accorder quelques faveurs célestes, pour eux-mêmes ou pour leurs proches. Mais de là à imaginer que les anges puissent jouer un rôle concret, réel et tangible ici-bas, dans la troisième dimension, il y a une marge !

En fait, cela ne m'avait jamais effleuré l'esprit auparavant. Pourtant, les récits faisant allusion aux anges sont innombrables dans la Bible et les autres livres religieux connus. Sans compter toutes ces histoires d'interventions angéliques miraculeuses qui ont fait la manchette ne serait-ce que depuis ma naissance : un homme tombé d'une corniche qui se sent enveloppé dans des ailes protectrices juste avant de s'écraser sur le sol... sans aucune égratignure ; une mystérieuse entité lumineuse volant au secours d'une jeune femme attaquée par un violeur ; un doux murmure angélique soufflant à l'oreille d'un passager de ne pas monter dans un avion, qui explosera en plein vol quelques heures plus tard...

Légendes urbaines ? Mythes religieux ? Hallucinations psychotiques ? Ayant moi-même eu de nombreux «contacts» avec l'au-delà depuis des années, je ne saurais remettre en question la présence des anges dans ma vie. Je n'avais juste jamais été tentée de faire appel à eux pour «soulager mon fardeau» ou pour me seconder dans mon rôle de mère.

«Et s'ils n'attendaient que cela pour se manifester dans ta vie ? continua Francine. Toi aussi, tu as un ange gardien à tes côtés : te permets-tu de lui demander de t'aider et de te rendre la vie plus facile ?

– Non, bien sûr que non ! (Entièrement tournée vers les autres, les prières que j'adresse au ciel concernent exclusivement les personnes les plus chères à mon cœur.)

– Les gens ont tendance à penser que leurs anges gardiens et leurs guides se trouvent derrière eux ou, comme dans les bandes dessinées, au-dessus de chacune de leurs épaules, leur chuchotant à l'oreille des conseils que seul leur inconscient est en mesure d'entendre. Mais ils sont bien plus que cela. Ayant suivi une formation en guérison angélique, je peux te dire que chaque ange et chaque archange préside à une vertu particulière. Il détient un certain pouvoir, une force énergétique exceptionnelle à laquelle tu peux faire appel en tout temps pour la guérison de ton corps, de ton âme et de ton esprit… mais aussi pour t'aider à résoudre certains problèmes, à régler certaines situations conflictuelles qui grugent ton énergie vitale. »

Si j'avais déjà entendu parler de l'ange Michaël et, bien entendu, de Gabriel (celui qui a annoncé à Marie la venue de son fils), je ne connaissais ni Raphaël (qui évoquait seulement à mon esprit le nom d'un peintre de la Renaissance), ni Uriel (j'ai cru longtemps qu'il s'agissait d'une étoile ou d'une constellation), et encore moins Métatron (le nom d'un robot dans un dessin animé pour enfants ? Ah non ! C'est vrai, c'était plutôt Goldorak !), le grand « patron » des anges.

Les premiers « soins » angéliques que je reçus de Francine furent donc pour moi toute une révélation ! Je me suis surprise à distinguer les vibrations spécifiques à chacun des archanges :

- La densité de la puissance d'Uriel, caractérisée par une chaleur enveloppante, empreinte d'un rouge profond, favorisant l'incarnation et l'enracinement de mes énergies subtiles ;

- La douceur de Gabriel, le plus « féminin » des anges, entouré d'une aura vert émeraude translucide telle une mer des Caraïbes… un baume pour mon âme troublée, me permettant d'apaiser mon cœur et de calmer mes émotions bouillonnantes ;

- La droiture de Raphaël, sa capacité à faire taire immédiatement mon mental chaque fois qu'une douce brise bleutée, fraîche et caressante vient effleurer ma joue ;

- La luminosité de Michaël, son feu ardent dévorant ma poitrine, m'incitant à me laisser consumer totalement dans la grâce divine en reconnaissance de celle que je suis réellement : une enfant éternellement aimée de Dieu, mon Père et la Source de toute vie ;

- Et enfin Métatron, ce vigoureux vortex éthérique, sans forme et sans visage, dont l'énergie blanc doré aux doux reflets violets m'électrise telle une puissante centrale thermonucléaire... pour m'amener ensuite au septième ciel !

Quels changements majestueux ces traitements énergétiques exceptionnels ont produits chez moi ! Sincèrement, j'ai eu l'impression d'enfin trouver un espace de paix et de sérénité en moi-même !

Par la suite, Francine m'a fait comprendre que je souffrais en fait d'une « crise de guérison aiguë ». Il devenait urgent pour mon corps, ayant compris que j'acceptais de faire un pas dans la bonne direction – celle de commencer à prendre soin de moi –, de me nettoyer de toutes mes vieilles « programmations », c'est-à-dire de toutes mes croyances conformistes, de mes émotions négatives, de mes perceptions limitatives, bref de toutes mes « allergies » au bonheur, d'où la pancréatite aiguë, le pancréas étant relié à la partie de moi qui a besoin de sucre, de douceur, donc de « plaisir » dans ma vie !

Et voilà que je reviens à l'exercice proposé par Danielle, la thérapeute que je n'ai finalement rencontrée qu'une seule fois. J'explique à mon amie, qui semble avoir pris la relève dans l'exploration de mon inconscient, ma difficulté à définir mes besoins, voire à imaginer à quoi cela pourrait ressembler de juste m'amuser sans arrière-pensée...

Francine me convie à profiter du fait d'être en convalescence – de n'avoir pour une fois aucune pression, ni urgence, ni responsabilité – pour apprivoiser les désirs et les envies de la petite fille présente en moi-même.

« Visualise-toi quand tu avais cinq ou six ans, me conseille-t-elle. Comment occupais-tu tes journées ? À quoi jouais-tu quand tu étais seule ou avec tes amies ? Qu'est-ce qui te rendait joyeuse, te faisait sourire, te rendait le cœur léger ? »

Quel exercice difficile ! Au début, derrière mes paupières closes, je me vois plutôt maussade et renfermée sur moi-même. Plein de souvenirs désagréables remontent à mon esprit : disputes, violence, rejet et apitoiement sur mon sort…

« C'est normal, me dit Francine, tu patauges dans le négatif depuis si longtemps ! Et puis, ton mental a de la peine à lâcher prise pour s'ouvrir à des émotions nouvelles. C'est juste l'habitude, le connu qui prend le dessus. Essaie de retrouver un seul souvenir heureux, un moment unique de ton enfance où tu étais vraiment bien… »

Une fête d'enfants me revient en mémoire. Entourée de nombreux amis, j'ai reçu en cadeau la poupée presque aussi grande que moi à laquelle je rêvais depuis des mois ! Que j'étais heureuse !

« Connecte-toi à l'émotion, me suggère Francine. Vois ta petite fille intérieure sourire, rire, se réjouir. Laisse-toi inonder de bonheur ! Sens la joie envahir ton cœur pour aller ensuite se répandre dans toutes les cellules de ton corps, de ton être tout entier.

– Comme c'est beau ! (Je sens des larmes de joie couler sur mes joues.) J'ai eu tellement de plaisir ce jour-là ! Nous avons joué à cache-cache, à mettre la queue sur le dessin de l'âne en ayant un bandeau sur les yeux, à gonfler des ballons que nous avons ensuite crevés un à un en nous asseyant dessus… Puis, j'ai offert à mes amis tous mes œufs de Pâques en chocolat, car je n'ai jamais aimé le goût du cacao, et nous avons mangé du gâteau à saveur de fraise avec un glaçage multicolore. C'est drôle, je me rappelle même la texture sucrée dans ma bouche, comme si je pouvais la goûter à nouveau !

– Tu vois, la petite fille joyeuse a toujours été là, présente en dedans de toi. Imagine maintenant que tu la prends dans tes bras et que tu la serres très fort contre ton cœur. Vois à quel point cela la rend heureuse… Elle ne demande qu'à retrouver sa juste place dans ta vie afin de pouvoir désormais te montrer la voie à suivre pour réapprendre à prendre soin de celle que tu es devenue aujourd'hui…

– Mais comment ?

– Chaque fois que tu te sens triste, démoralisée ou angoissée, demande-lui à ELLE ce qui lui ferait du bien, dans l'instant présent. Tu pourrais être bien surprise de voir que ça peut être tout simple, je dirais même plus "simple, facile et joyeux" ! C'est ma devise ! Si ta petite fille intérieure t'invite à aller prendre l'air, un bon bain chaud ou à manger un dessert dont tu raffoles, tu l'écoutes, sans te poser de question.

– Mais voyons, je ne peux pas faire ça ! Je ne peux pas tenir compte de tous mes caprices ! Tu me vois prendre un morceau de tarte aux pommes juste avant le repas de midi ? Quel exemple je donnerais à mes enfants ?

– Et si ton pancréas était souffrant justement parce que tu l'as trop longtemps privé de sucre... et de petites douceurs gratuites ? Si tu ne prends pas soin de toi, qui le fera ?

– Pas mon mari, en tout cas ! Il est tellement occupé ! Parfois, il en oublie même mon anniversaire !

– Il t'oublie parce que TOI, tu oublies de prendre soin de toi et d'écouter tes besoins ! »

Il me semble avoir déjà entendu cette phrase dans le bureau de Danielle, il y a de cela plus de trois semaines... Oups ! Le temps passe tellement vite ! Mon amie semble croire la même chose que la thérapeute : que ce sont nos pensées et nos émotions qui déterminent la façon dont les autres nous traitent. J'ai un peu de difficulté avec ce concept, moi qui ai été plutôt éduquée dans la mentalité « fais à autrui tout le bien que tu voudrais qu'il te fasse ». Mais je comprends tout de même que plus je donne mon énergie aux autres, moins il en reste pour moi. Je m'engage donc à me mettre à l'écoute de cette petite fille que j'ai négligée pendant toutes ces années, en veillant sur elle mieux que mes parents n'ont su le faire et en répondant à ses besoins, même les plus saugrenus.

Dans les heures qui suivirent, ma liste des cinq choses qui pouvaient me faire du bien m'est apparue très clairement : lire un bon livre, prendre le temps de caresser mon chat, regarder un film drôle, aller marcher dans la nature et donner rendez-vous à une amie dans un café juste pour papoter tranquillement durant une heure ou deux…

Un peu plus tard, d'autres suggestions me sont aussi venues : m'acheter des fleurs, aller au théâtre, rédiger mon journal intime, faire de la couture, jouer au scrabble, prendre un bon bain chaud à la chandelle, *et cetera, et cetera*. J'ai même eu l'idée d'écrire chaque petit plaisir sur un bout de papier que j'ai déposé dans ce que j'ai appelé « ma boîte à surprises » (créée et décorée par moi-même et ma petite fille intérieure, bricoleuse insoupçonnée)… Je sentais ainsi que le fait de laisser l'« univers » me guider vers ce qui serait le plus propice pour moi m'aiderait à apprendre à « recevoir » et à me laisser soutenir par la vie !

Chapitre TROIS

Et si nous venions des étoiles?

Mon état de santé s'améliorait de jour en jour. J'ai donc dû me faire violence pour résister à la tentation de retourner auprès de ma famille au bout de deux semaines. Me croyant désormais plus forte et plus sage, je me disais prête à affronter les charges et les contraintes du quotidien, même si juste le fait de songer à me retrouver confinée dans ma prison dorée me redonnait des crampes au bas-ventre.

Pressentant qu'il me restait encore bien du chemin à parcourir avant que mon pancréas soit parfaitement rétabli, Francine m'a incitée à demeurer avec elle un peu plus longtemps. «Après tout, me suis-je dit, le médecin n'avait-il pas parlé de six semaines de convalescence?»

En vérité, j'étais encore paralysée par la peur! Peur de trop me plaire dans ce petit paradis en nature et de ne plus avoir envie de retourner chez moi. Peur de tellement apprécier de prendre soin de moi que je n'aie plus envie de revoir mes quatre gamins bruyants cherchant continuellement à accaparer mon attention. Peur de retomber dans la routine et de recommencer à me sacrifier comme avant... jusqu'à ce que je n'en puisse plus et que je redevienne dépressive.

Je recommençais à ruminer et à remettre mon existence en question. Réalistement, je tournais en rond comme un lion en cage. Je ne savais que faire de tout le temps libre dont je disposais. Pour la première fois de ma vie, je trouvais les journées longues (Francine travaillant de son côté) et je m'ennuyais ferme. Tous les soirs, je téléphonais à la maison en ayant l'impression de n'avoir rien d'intéressant à raconter, puisque je n'avais rien fait de spécial. Pas toujours drôle d'être une *Wonder Woman* en vacances !

Serge avait beau me rassurer en me disant que tout allait bien et que je devais profiter d'un répit bien mérité, ma conscience n'en était pas moins tourmentée pour autant. Moi qui avais grandi sous la férule de parents autoritaires dont la devise était « qu'est-ce que vont penser les voisins ? », je ne pouvais m'empêcher de me considérer comme totalement irresponsable et irrespectueuse de mes engagements envers mes proches. Le poids du passé surchargeait mes épaules et reprenait tous ses droits. Force était donc de réaliser que je n'étais pas encore assez solide pour remonter en selle et encore moins dans l'arène !

Comprenant mon désarroi et espérant trouver à m'occuper l'esprit, Francine m'a suggéré de jeter un coup d'œil dans sa bibliothèque bien remplie, attirant mon attention sur LE livre qui allait marquer le tournant le plus important de ma vie : *Messagers de l'aube*, de Barbara Marciniak.

Dès les premiers chapitres, je me suis rendu compte que l'auteure décrivait avec précision tous les malaises qui m'accablaient : ma fatigue extrême, ma tristesse persistante, les douleurs dans tout mon corps, mon sommeil perturbé, mon besoin de solitude, l'envie de « retourner à la maison »... ce qu'elle résumait sous l'appellation « symptômes d'éveil spirituel » !

Pour une fois, ce que je lisais me confirmait que je n'étais pas folle, que je n'étais pas la seule à ressentir des choses bizarres en moi et autour de moi, qu'il y avait une raison simple et logique à tout ce qui m'arrivait depuis des lustres... Ouf! Quel soulagement! Au fond de moi, j'avais l'impression d'avoir attendu ce moment toute ma vie.

En prime, pour moi, qui m'étais toujours sentie comme une « extra-terrestre » assurément tombée sur terre « par erreur », l'auteure expliquait que plusieurs humains incarnés à l'heure actuelle provenaient en réalité des étoiles et, plus particulièrement, des Pléiades, un cercle de sept soleils dans la constellation du Taureau. Et si c'était mon cas? Cela expliquerait pourquoi je ne m'étais jamais sentie bien dans ce corps qui, tout au long de ma croissance, m'apparaissait comme « étranger » et limitatif. Et pourquoi j'étais née avec ces facultés « hors de l'ordinaire », que je tentais tant bien que mal de réprimer pour ne pas passer pour une sorcière aux yeux de mon entourage...

Se pourrait-il que, comme l'auteure du livre qui prétendait avoir reçu toutes ces informations en « canalisation », je puisse, moi aussi, communiquer directement avec ces êtres venus d'ailleurs pour nous aider, selon elle, à éveiller notre « Essence divine » ? Une merveilleuse possibilité se dessinait enfin devant moi : celle d'être connectée au ciel tout en demeurant vivante, ici, sur terre. Je n'avais plus à choisir entre la vie ou la mort, puisque les êtres célestes que j'aspirais à retrouver « là-haut » pouvaient venir me rendre visite « ici-bas »... Quelle découverte extraordinaire !

Déjà, depuis mon arrivée à la montagne, il m'arrivait de ressentir des présences invisibles se déplaçant autour de moi, à l'extérieur comme à l'intérieur du chalet. Particulièrement dans la salle de méditation où mon amie Francine avait l'habitude de recevoir des groupes ou des personnes en consultation individuelle, je percevais d'une manière tangible une forme masculine, revenant régulièrement se positionner près d'une fenêtre éclairée par le soleil du matin.

Encouragée de me voir motivée à faire autre chose que de ressasser des idées noires, Francine s'est amusée à me poser des questions sur ce que je discernais dans la pièce. J'ai donc pris le temps de m'intérioriser pour m'adresser à ladite entité et j'ai été stupéfaite de me voir entrer immédiatement en connexion télépathique avec elle... ou plutôt avec LUI, puisqu'il s'agissait bien d'un homme. Celui-ci s'est présenté en me donnant son nom et en affirmant venir d'un lointain système solaire appelé « Alpha du Centaure ». J'ai même pu décrire en détail à mon amie son apparence physique, le ton de sa voix et l'accent particulier qui le distinguait de tout ce que j'avais pu « contacter » dans l'invisible à ce jour (**voir Illustration # 1**).

Ma copine était totalement impressionnée, mais pour moi qui n'avais absolument jamais entendu parler de ce fameux « Asthar, commandant de la flotte intergalactique de la lumière », je considérais que cet être cosmique était plutôt « pompeux » et imbu de lui-même ! Ce n'est que lorsque mon amie m'a montré un livre où il était écrit tout ce que je venais de raconter bien naïvement au sujet de l'entité en question que j'ai compris pourquoi elle était excitée à ce point. Je recevais là un signe, une confirmation infaillible de mes dons de médiumnité et de ma capacité à dépasser les limites du monde que je connaissais pour me « brancher » à d'autres dimensions inexplorées et encore mystérieuses à mes yeux.

Au cours des soirées qui ont suivi, mon amie a pris plaisir à explorer avec moi ce potentiel ignoré jusqu'à maintenant, m'exhortant à communiquer avec d'autres entités en provenance de nombreuses étoiles ou planètes lointaines (Sirius, Véga, Arcturus, etc.) qui m'étaient jusqu'alors inconnues – ou, du moins, qui étaient occultées par mon moi conscient, ainsi que tenait à le préciser Francine... Comme je les ai appréciées, toutes ces belles énergies lumineuses :

- La douceur toute féminine de Kuan Yin, « maternante » et « intériorisante », nous invitant à demeurer centrés sur notre cœur dans la compassion et la miséricorde pour accepter de nous pardonner à nous-mêmes (et aux autres) les erreurs du passé ;

- La sagesse de Sananda, le maître Jésus, nous invitant à reconnaître notre propre enfant divin intérieur et à laisser émerger notre potentiel cocréateur illimité ;

- Le pouvoir de transmutation alchimique de Saint-Germain, maître de la flamme violette, guérissante et régénératrice ;

- Les enseignements universels de Kuthumi au sujet de notre condition humaine et de nos possibilités de la transcender pour devenir celui ou celle que nous sommes réellement ;

- Et enfin, la puissance phénoménale de Melchisédek, soleil des soleils, catalyseur de l'énergie christique et amplificateur de notre connexion à notre « Moi » divin.

Ah ! Quelle magie et quel bonheur j'ai pu ressentir dans toutes mes cellules au contact de ces êtres sublimes et rayonnants ! Plus encore, la partie de moi qui avait besoin de se sentir utile et valorisée jubilait d'extase : j'étais enfin reconnue pour autre chose que ma capacité à prendre soin de mes enfants ou à faire rentrer un salaire quelconque à la maison ! Des gens que je ne connaissais pas venaient me rencontrer pour que je leur transmette les messages de leurs guides ou des maîtres ascensionnés – et ils étaient même prêts à me payer pour cela ! J'ai cru que j'avais enfin trouvé ma mission de vie et que mes talents allaient vraiment me servir à sauver le monde…

Or, je l'ai compris seulement beaucoup plus tard, je me leurrais, encore une fois. Je voulais aider les gens, faire une différence dans leur vie, les accompagner de mon mieux dans leur cheminement spirituel, mais, pendant ce temps, je me mettais encore entre parenthèses. J'oubliais de prendre soin de moi, de faire l'équilibre entre « donner » et « recevoir », de m'ancrer dans la matière en prenant soin de mon corps et de ma qualité de vie…

Au fil du temps, non seulement mon amoureux considérait-il de plus en plus d'un mauvais œil cette nouvelle carrière que j'embrassais avec fougue et passion, mais mes relations avec mes enfants me semblaient chaque jour plus pénibles à supporter, ceux-ci devenant de plus en plus déplaisants et colériques chaque fois que je devais m'éloigner d'eux pour quelque temps. Ils tentaient, bien sûr, inconsciemment, de me « ramener sur terre »... alors que je préférais grandement « flotter » sur mon beau petit nuage tout rose.

Bien entendu, j'ignorais tout cela lorsque mes élans spirituels se sont mis à occuper tout l'espace au-dedans de moi. Je me sentais à ma place, comblée, épanouie et enfin heureuse ! Mes dernières semaines de « vacances » avec Francine ont été remplies de rencontres plus que sympathiques et de « retrouvailles cosmiques » plutôt émouvantes...

L'un des moments mémorables qui ont marqué mon passage chez Francine fut sans aucun doute mon contact privilégié avec l'une de ses amies, Josette, pratiquant la transe profonde. Celle-ci m'expliquait qu'elle « sortait de son corps » pour laisser toute la place aux entités qui voulaient bien se servir de son « canal » pour s'adresser aux foules qui se rassemblaient toujours plus nombreuses pour l'écouter.

La dame me paraissant fort érudite en matière d'ésotérisme et de spiritualité. La petite novice que j'étais ne pouvait s'empêcher d'admirer toutes les connaissances et les acquis de cette femme à peine plus âgée que moi. Et, même si elle prit le temps de m'instruire en long et en large sur la manière précise de procéder pour faire de la transe profonde, je voyais bien qu'il m'était humainement impossible de reproduire ses exploits.

Néanmoins, lorsqu'elle s'est mise à parler de sa facilité à se connecter aux annales akashiques, je me suis surprise à lui rétorquer, à mon plus grand étonnement, qu'en plus de pouvoir faire la même chose qu'elle, « j'en avais une version de poche en permanence sur moi » ! En toute franchise, je n'avais aucune idée de ce qu'étaient les annales akashiques ni même de ce qui m'avait poussée à énoncer cette phrase insensée devant elle.

Josette me répondit vivement: « Ce n'est pas possible ! Les annales akashiques sont la mémoire de l'univers, la *Bible des Âmes*, une bibliothèque entière contenant toute l'histoire de l'humanité et même au-delà ! »

Une partie de moi ne comprenait pas pourquoi elle s'emportait de la sorte. La *Bible des Âmes*, et puis après ? Ce n'est qu'un livre comme les autres en fin de compte ! Pourquoi ne pourrais-je en avoir un exemplaire personnel dans ma poche ? Et si mon être profond avait éprouvé le besoin de le clamer, qui étais-je pour remettre cela en doute ?

Cela expliquerait peut-être ma facilité à « lire » à l'intérieur de l'âme des gens et à me connecter aux êtres des différentes dimensions en provenance de partout dans l'univers ; voire ces impressions de déjà-vu qui m'envahissent parfois lorsque je visite un endroit pour la première fois ainsi que ces visions d'autres espaces-temps qui jaillissent en moi lorsque je foule le sol d'un lieu historique particulier…

Je n'ai bien entendu aucunement tenté de justifier ces « paroles en l'air » auprès de l'amie de Francine ni même cherché à expliquer tout ce que je ressentais et qui bouillonnait alors en moi. Mais, une chose est certaine, à compter de ce jour-là, j'ai cessé de me comparer aux autres en matière de « prouesses » spirituelles ou énergétiques, sentant que mon lien privilégié avec la Source dépassait de beaucoup ma propre compréhension rationnelle – ou même intuitive – des choses mystiques et sacrées.

Je ne peux affirmer pour autant avoir réussi par la suite à faire accepter mes dons « surnaturels » par mon entourage (ma parenté, mes voisins ou mes « anciens » amis) et il demeurait difficile pour moi d'oser dévoiler au grand jour ce que j'avais caché à mes proches pendant si longtemps. Toutefois, j'ai eu réellement l'impression que ma vie avait pris un nouveau tournant au cours de ces quelques semaines de repos où j'avais enfin accepté « de m'incarner » pour de bon ! Plus jamais, par la suite, je n'ai éprouvé aussi intensément ce besoin « d'en finir » ou de vouloir disparaître pour toujours…

Mieux encore, j'ai senti qu'une énergie de guérison et d'amour m'habitait de plus en plus souvent à partir de ce moment-là. Cette présence immatérielle remarquable, que certains appellent « Âme », « Essence divine » ou « Moi supérieur », s'est révélée en moi sous le nom de « Bianca » (Blanche, en italien). Et, telle une conscience lumineuse ou une rose immaculée, ce précieux contact avec la partie la plus radieuse de mon être m'a apporté la libération et la sérénité auxquelles j'aspirais depuis une éternité !

Chapitre QUATRE

La loi d'attraction, une question d'attitude?

Mon séjour dans la nature m'avait permis de me retrouver moi-même. Je suis donc revenue à la maison avec une seule idée en tête : déménager en campagne ! Fini les symptômes de pancréatite ou de déprime chronique, je venais d'entrer dans une phase « constructive » de ma vie et j'entendais bien en profiter pleinement ! Et, puisque mes fils souffraient depuis des années de problèmes pulmonaires, le prétexte de la pollution urbaine me donnait des munitions concrètes pour inciter mon mari plutôt conservateur à envisager de bouger.

Quelques heures plus tard, la pancarte « à vendre » était déjà installée devant la maison, au grand ahurissement de nos voisins et amis qui ne comprenaient pas ce soudain revirement de situation. Tous y allaient de leurs commentaires ou de leurs recommandations : « Vous n'y pensez pas, avec le bureau de Serge à Montréal, vous éloigner équivaudrait à prolonger considérablement ses heures de travail ! Et, les enfants, qui amorcent tout juste l'école, perdront leurs amis, leurs repères et leur sécurité ! Comme c'est triste que vous partiez, nous étions si contents d'avoir de si bons amis tout près sur qui compter… »

Quant à moi, je me sentais encore plus confortée dans mon choix et me disais qu'il me serait plus facile de me choisir, de moins m'investir ou de prendre les autres sur mes épaules en déménageant dans un autre lieu où il y aurait des personnes plus ouvertes, plus conscientes, moins « vampirisantes »… Ah ! Illusion, quand tu nous tiens !

Entre-temps, Serge s'est rendu à la banque pour consulter un conseiller afin d'évaluer notre potentiel de crédit hypothécaire… Bien entendu, étant rempli de doutes et d'inquiétudes au sujet de notre sécurité financière, il s'est fait dire que nous n'avions absolument pas les moyens de nous acheter une nouvelle maison ! Cela, en soi, était totalement absurde : nous avions déjà un bon capital d'investi dans notre domicile actuel, notre voiture était entièrement payée et nous n'avions aucun autre emprunt figurant à notre dossier. De plus, tout le monde sait que les prix des maisons sont beaucoup moins élevés à la campagne qu'en banlieue de Montréal.

Il n'y avait donc, à mon avis, aucune raison de voir le prêt hypothécaire refusé, mis à part le fait que les craintes de mon mari se soient communiquées à son directeur de banque. Fraîchement « moulue » au potentiel créateur de la pensée positive, je lui ai alors proposé tout un défi : celui de modifier son attitude à l'égard des autorités bancaires !

Je lui ai suggéré de changer le mode de fonctionnement qu'il avait utilisé : plutôt que d'aller demander un prêt à une banque en particulier, pourquoi ne pas plutôt aller « négocier » son prochain emprunt ? Nous avons convenu ensemble de prendre rendez-vous dans au moins deux institutions bancaires différentes, en expliquant à chaque conseiller rencontré que nous évaluions la possibilité de faire affaire avec celui qui nous offrirait les meilleures conditions hypothécaires…

Vous auriez dû voir le comportement des banquiers : tout sucre tout miel, chacun nous vantait les mérites de son institution, allant même jusqu'à nous proposer de diminuer les taux d'intérêt afin de concurrencer son compétiteur. À aucun moment nous ne fîmes mention de notre situation financière et aucun d'eux ne remit en question notre capacité à rembourser le prêt. Au contraire, tous se montraient disposés à nous fournir un montant 20 % plus élevé que notre emprunt d'origine. Preuve que l'attitude fait toute une différence dans la façon dont les autres réagissent autour de nous...

Cependant, outre cette petite victoire sur nos pensées limitatives, nous éprouvions certaines difficultés à dénicher la maison idéale. Serge aurait préféré attendre que la nôtre soit vendue pour commencer à en chercher une nouvelle, tandis que je me disais que rien ne pouvait se mettre en place tant que nous n'aurions pas trouvé la maison parfaite pour nous.

Mon rêve aurait été d'aller m'installer près du chalet de Francine, mais elle-même retournait vivre dans sa petite maison de banlieue à la fin de l'été. Tant qu'à changer de région, Serge, lui, souhaitait plutôt se rapprocher de sa famille et, idéalement, déménager au cœur de sa ville natale, là où il avait grandi et s'était senti heureux durant toute son enfance. Hélas, comme nous avions fréquenté la même école secondaire, cela voulait dire pour moi de retourner vivre à l'endroit même que j'avais voulu fuir depuis l'âge de huit ans !

En fait, comme nous n'arrivions pas à nous entendre, rien de concret ne se manifestait. Malgré de nombreuses promenades dominicales en famille au sein de divers quartiers dans plusieurs régions différentes, aucune possibilité tangible ne se présentait. Et pas moyen de contenter tout le monde puisque j'aspirais à vivre dans la montagne, là où je sentais mon cœur s'ouvrir et mes vibrations s'élever, tandis que mon amoureux, en homme pratique, penchait plutôt pour une zone résidentielle, près d'un grand centre où toutes les commodités nécessaires pour une vie de famille épanouie seraient accessibles.

J'ai fini par me faire une raison : il est évident qu'avec quatre enfants plutôt actifs dans chacun dans leur domaine (sport, musique, scoutisme, implication communautaire et autres), l'idée d'habiter en région éloignée aurait quelque peu compliqué les innombrables trajets en voiture, surtout en montagne, sous deux mètres de neige ! Nous avons donc opté pour un compromis acceptable, une belle grande maison sous les pins, située dans un quartier domiciliaire à une quinzaine de kilomètres de la ville la plus proche, juste au pied des montagnes, plus précisément en bordure d'un petit village de trois mille habitants : Saint-Ambroise-de-Kildare.

Comme par hasard, bien entendu, si l'on croit au hasard, la journée même où nous avons pris la décision d'aller visiter la maison en question, le téléphone s'est mis à sonner et non seulement de nombreux acheteurs potentiels se sont présentés, mais nous avons reçu une offre d'achat moins d'une semaine plus tard. Cela nous a permis de comprendre le fameux « secret » de la loi d'attraction : une fois que nous avons pris notre décision en étant bien centrés à l'intérieur de nous, que nous avons fait un choix tous les deux ensemble, en veillant à satisfaire tous les besoins de notre petite famille, nos pensées cocréatrices se sont alignées pour matérialiser exactement ce qu'il nous fallait dans les circonstances !

Par contre, si notre nouveau foyer correspondait en tous points à nos attentes, notre réalité professionnelle n'en demeurait pas moins temporairement contraignante. Serge devait effectivement se taper plus d'une heure de voiture matin et soir pour aller travailler, tandis que, comme j'avais démissionné de mon emploi pour préparer notre déménagement et être présente afin d'accompagner l'acclimatation de nos enfants à leur nouveau milieu de vie, je me retrouvais de nouveau confinée à la maison à attendre que mon amoureux revienne tard le soir et « daigne » être présent auprès de nous.

Avec les encouragements de Francine et le soutien des membres de notre famille, nous avons tant bien que mal réussi à nous recentrer et, moins de quatre mois plus tard, nous nous étions tous les deux trouvé un nouvel emploi dans la région : Serge, comme informaticien dans la fonction publique, et moi, comme pigiste au journal local.

Avec le recul, je réalise que je n'arrivais pas vraiment à « définir » qui j'étais vraiment. Une fois revenue dans la région où j'ai grandi – et où il me semblait avoir passé pour folle auprès de toutes les personnes importantes qui avaient partagé ma vie –, il m'était quasiment impossible d'afficher ouvertement mes dons et facultés extrasensorielles.

Alors, sentant qu'il était dangereux pour mon fragile équilibre intérieur de revenir à mes anciens métiers d'aidante et de soigneuse (psychothérapeute, naturopathe, énergéticienne ou autre) – de peur de me vider encore une fois –, je me suis « cherchée » à travers différents emplois en communication pour des magazines, maisons d'édition, médias télévisuels, *et cetera.* J'ai même occupé, à un certain moment, le poste de coiffeuse-modiste pour le spectacle *Notre-Dame de Paris.*

Je me souviens d'ailleurs de la réaction horrifiée de ma mère quand elle a appris que je confectionnais des chapeaux pour les danseurs de la troupe : « Mais tu n'es même pas couturière ! » s'est-elle écriée. Sans doute craignait-elle que j'échoue de nouveau et que je sois déçue ou, tout simplement, projetait-elle sur moi ses propres peurs du qu'en-dira-t-on... Toujours est-il que, pour la première fois de ma vie, je n'ai pas flanché devant cette façon cavalière qu'elle avait de me dénigrer constamment. Au contraire, j'étais tellement fière d'avoir été choisie et reconnue pour mes talents artistiques que j'ai répliqué avec verve et détermination :

« Mais, maman, depuis le temps, tu devrais savoir que je suis un génie créatif exceptionnel !

– C'est vrai ! dit ma mère », à sa propre stupéfaction. Puis, revenant à son naturel quelque peu orgueilleux parfois, elle a ajouté : « Tu es ma fille, après tout ! »

J'aurais pu riposter et tenter de me justifier comme d'habitude, mais j'étais tellement imprégnée de ma propre exaltation à l'idée de faire partie d'un projet aussi grandiose – et, en même temps, confondue de sa réaction positive – que je suis demeurée souriante et sereine, m'épatant moi-même de repartir de la maison familiale sans m'être disputée comme de coutume avec ma mère.

Ma copine Francine m'a rappelé par la suite que, tant que je ne me reconnaissais pas moi-même à ma juste valeur, il demeurait impossible que ma mère puisse faire taire ses inquiétudes et appréhensions envers moi. Mais, que lorsque je m'étais enfin sentie valorisée par la chance en or que j'avais attirée dans ma vie, l'énergie positive qui se dégageait de ma personne s'était communiquée à ma « génitrice » qui, de son côté, avait pu enfin ressentir ma force et mon enthousiasme, ce qui lui avait permis d'éliminer les pensées négatives qu'elle entretenait à mon sujet !

Ces quelques réussites dans l'expérimentation de la loi d'attraction m'auront servi à prendre réellement conscience qu'au-delà de mes désirs et de mes efforts pour les concrétiser, c'est mon attitude envers moi-même qui fera pencher la balance du côté du succès ou de l'échec. Quand bien même je prierais tous les jours le ciel de répondre à mes supplications, si, au fond de moi, je me considère comme une victime des aléas de la vie ou des personnes qui entravent ma route, il n'y a aucune chance que je m'en sorte victorieuse !

En revanche, même si mes moyens sont limités et que personne autour ne croit en moi, si j'ai foi en mon potentiel intérieur et si j'ai la conviction profonde que je mérite d'attirer le meilleur dans ma vie, c'est comme si j'effectuais un simple achat sur Internet : d'un seul clic de souris, j'envoie ma « commande » à l'univers et, en demeurant ouverte et réceptive, j'accueille les cadeaux qui pleuvent sur ma tête ! Telle une enfant le matin de Noël, je sais qu'il n'y a aucune possibilité que j'aie été oubliée et je suis certaine que mes présents se dresseront parmi les innombrables paquets rassemblés sous le sapin, n'attendant qu'à être déballés.

C'est mon enthousiasme débordant et la naïveté confiante de ma petite fille intérieure qui ont le plus de possibilités de faire advenir d'innombrables motifs de me réjouir et de me sentir soutenue. Quand je me dis candidement que ce serait génial « si... », sans attente et sans condition, ou encore que je pense que je voudrais « ça ou mieux », en étant juste centrée sur mon cœur réceptif à la magie universelle, mes vœux les plus fous se trouvent exaucés en moins de deux !

À l'opposé, lorsque je me mets à chercher des solutions ou des moyens pour parvenir à mes fins, c'est ma partie rationnelle « bornée » qui prend le dessus et, alors, tout se fige et se contracte autour de moi. Mes limites intérieures se reflètent aussitôt à l'extérieur.

Or, si ma confiance en moi m'a donné des ailes, la foi en ceux qui m'accompagnent dans l'invisible – ma « famille d'âmes » – a favorisé une expansion de mon être profond au-delà de tout ce que j'aurais pu imaginer.

Une fois que j'ai cessé de vouloir me faire reconnaître à tout prix ou accepter telle que j'étais par mes parents et les membres de mon entourage, que j'ai osé exprimer la lumière qui m'habite en partageant les merveilleux messages célestes que j'avais le privilège de recevoir en canalisation, des portes dont je ne soupçonnais même pas l'existence se sont ouvertes en moi et devant moi !

Tout a débuté par une rencontre fabuleuse avec la Terre mère, Gaïa, notre conscience planétaire.

Un soir, alors que je tentais en vain pour une énième fois de faire le vide pour « méditer » comme on me l'avait enseigné, j'ai ressenti une douce chaleur s'infiltrer dans mon ventre, puis monter dans ma poitrine en s'intensifiant et en occupant de plus en plus d'espace à l'intérieur de moi. Cette chaleur de plus en plus vive a ensuite déferlé dans mon cerveau comme un tsunami bouillonnant et ravageant tout sur son passage. Je me suis retrouvée hors de mon corps, quelque part dans le cosmos, assistant à un spectacle pour le moins inouï : la création de notre système solaire.

Je ressentais la présence de Gaïa non pas à côté de moi, mais communiant avec chacune de mes cellules et m'expliquant, avec ma propre voix, comment les éléments chimiques se combinaient entre eux, donnant naissance à la poussière d'étoiles ainsi qu'à la matière organique dont le monde tridimensionnel est constitué.

Je dois m'en confesser: je n'ai jamais été douée en science. Je n'aimais ni les mathématiques, ni la chimie, ni la physique. Je n'ai donc rien retenu du célèbre «tableau périodique» et des formules chimiques qui y sont représentées. C'est d'ailleurs pourquoi, aussitôt la vision terminée, je me suis empressée de consulter le dictionnaire pour vérifier si tous ces amalgames de carbone, hydrogène, oxygène et azote étaient réels ou seulement le fruit de mon imagination (Eh oui ! Même après des années de *channeling* intensif, je doutais encore des messages reçus en médiumnité !).

Pour le moment, j'étais juste subjuguée par la danse féerique des éléments qui s'entrelaçaient et fusionnaient entre eux, engendrant des particules de matière vivante, animés d'une vitalité surréaliste et manifestant une puissance de création prodigieuse… et tellement inédite à mes yeux qu'elle en était impossible à décrire dans des mots humains.

J'ai vu le soleil se former, puis attirer à lui des astéroïdes en provenance des quatre coins de l'espace, ceux-ci se heurtant entre eux, certains étant réduits en cendres, tandis que d'autres, sous la chaleur torride de l'astre lumineux, fonçaient les uns sur les autres pour façonner des «planètes»: des masses sombres et informes, plongées dans le chaos le plus total.

Puis, une toute petite boule a semblé se distinguer du lot. Nous nous sommes «approchées» de plus près pour voir ce qui ressemblait à une «foudre céleste», émergeant d'un amas de nuages grisâtres pour aller s'abattre sur la surface de la Terre, là où des volcans étaient en éruption de part et d'autre, tandis que des explosions soulevaient et faisaient trembler la croûte terrestre dans son ensemble et que des pierres géantes semblaient s'éveiller d'un long sommeil surnaturel pour se déplacer à toute vitesse sur les flots de lave brûlante, telles des vagues houleuses se fracassant les unes contre les autres.

À la fois hypnotisée et tétanisée devant un tel scénario digne des pires films de catastrophe, je n'ai pas compris comment, tout à coup, les déchaînements de violence ont pu s'apaiser pour laisser place à une pluie abondante et torrentielle, inondant chaque creux et remplissant chaque vallée pour former des océans, des mers et des lacs d'une beauté infinie. Consumant le feu, solidifiant la lave et abreuvant la terre, l'eau claire et pure s'est déposée partout autour du globe. Par la suite, des touffes de verdures sont apparues et, très rapidement, la vie s'est mise à pulluler partout sur la planète.

Je savais que je venais d'assister à la création d'un monde, de notre monde ! La voix de Gaïa – qui était aussi la mienne – s'est alors fait entendre, grave et solennelle, résonnant dans tout mon être :

« Je suis toi et tu es moi, m'a-t-elle affirmé. Nous ne faisons qu'UN dans l'Essence divine universelle, issus de la même étincelle de vie. » Elle me montre alors comment je suis moi-même constituée à l'intérieur : mes organes, mes tissus. Encore une fois, les mêmes atomes chimiques virevoltent et fusionnent entre eux pour donner vie à mes cellules. « Tous les enseignements, toutes les informations que tu reçois ou que tu lis dans la *Bible des Âmes*, poursuit-elle, tu les as déjà en toi, présents dans toutes tes cellules. »

Je vois ensuite tous mes guides, les maîtres et les membres de ma grande famille de lumière se réunir autour de moi et s'emboîter les uns dans les autres pour se fondre à leur tour dans un immense faisceau lumineux d'une blancheur éclatante. « Il te suffit de te rappeler QUI TU ES, en communion avec tout ce qui vit. » Je les sens faisant partie de moi, disparaissant avec moi dans le grand Tout universel. « C'est pourquoi, désormais, il n'y aura aucune distinction entre nous, et tu devras transmettre au monde ces messages sous le nom de "Bianca Gaïa" » **(voir Illustration # 2)**.

À ce moment précis, je n'ai pu réprimer un mouvement d'hésitation et de doute s'élevant dans mon intellect. Une objection rationnelle se manifeste en moi, m'empêchant d'intégrer pleinement ce nouvel état de conscience : s'il m'est facile d'être médium, de canaliser de belles vibrations de lumière, il en va tout autrement quand vient le temps d'« assumer » et d'intégrer ma propre divinité ou, pire encore, de devoir l'affirmer haut et fort devant tout le monde ; là, c'est une tout autre histoire !

« Pourtant, chaque être vivant sur la planète peut en faire autant, a continué Gaïa. Il faut bien que quelqu'un se lève enfin et proclame la vérité : en tant qu'enfant de Dieu, vous ÊTES Dieu. Tout comme vous portez le nom de famille de vos parents et que leur nom est aussi le vôtre, sans distinction, vous habitez cette terre, vous faites donc partie de MA famille ! Nous avons accès aux mêmes vibrations, dans l'amour et la paix. Et nous effectuons actuellement notre ascension ensemble, de façon commune et indissociable. Il vous suffit de dire OUI à QUI VOUS ÊTES VRAIMENT… »

Il y avait tellement de tendresse et d'amour dans cette présence resplendissante m'englobant et me maternant qu'elle réussit à calmer toutes mes inquiétudes les plus secrètes. J'en avais les larmes aux yeux. Émue et émerveillée, je me suis sentie revenir dans mon corps, reprenant contact avec la pièce où je me trouvais, tout en préservant en moi l'empreinte, que dis-je, l'étreinte de cette mère cosmique à laquelle j'appartenais, je le sais maintenant, depuis la naissance de notre univers.

Chapitre CINQ

Le karma existe-t-il vraiment?

J'imagine que mon expérience fusionnelle avec Gaïa a largement contribué à m'autoriser à oser dévoiler à mon entourage ces contacts privilégiés que j'entretenais avec l'au-delà, car lorsque ma mère m'a annoncé qu'elle était atteinte d'un cancer non opérable, je n'ai pas hésité à lui proposer un soin énergétique ainsi qu'une séance avec ses guides.

Elle n'a pas accepté – et s'est même un peu moquée de moi avec ma sœur –, mais j'ai quand même vu que cela la titillait un peu, d'autant plus que son médecin venait de déterminer qu'il lui restait au minimum trois mois et au maximum trois ans à vivre. Ma mère lui avait d'ailleurs répondu que, comme il n'y avait plus rien à faire, elle n'allait pas « traîner ça » pendant trois ans et qu'elle comptait bien avoir tiré sa révérence rapidement. D'ailleurs, comme elle était convaincue et que la décision lui appartenait, elle est réellement décédée trois mois, jour pour jour, plus tard !

Pour ma part, je me rendais compte qu'en « assumant » de plus en plus qui j'étais vraiment, je suscitais de moins en moins de réactions négatives de la part de mes proches. Et si ma mère s'est montrée bien réfractaire au début, lorsque la douleur s'est mise de la partie, elle a tout de même fait appel à moi pour la soulager. Même si elle acceptait de recevoir seulement des massages aux huiles essentielles, pour moi, c'était déjà fantastique de ne plus me sentir rejetée par elle comme avant !

Elle m'a même totalement estomaquée lorsque, s'éveillant d'une longue sieste de plusieurs jours sous injection de morphine, elle m'a raconté qu'elle avait rêvé d'un ange qui lui disait que, si elle le voulait, elle pouvait choisir de rester sur Terre pour quelques années encore. Il lui avait même annoncé que ma sœur était enceinte et qu'elle allait accoucher d'un garçon !

Or, je ne le savais pas encore, mais celle-ci venait de passer un test de grossesse le matin même et elle n'avait même pas eu le temps de l'annoncer à son conjoint. Alors, quand notre mère lui a demandé de but en blanc si elle attendait un bébé, ma frangine était tellement déconcertée qu'elle a tout nié en bloc. Je voyais bien qu'elle était dans tous ses états, mais n'ayant pas été mise dans la confidence, je n'y comprenais rien.

Tandis que ma sœur se précipitait au téléphone pour partager la situation avec son amoureux, ma mère, ne démordant pas de sa vision, tentait tant bien que mal de me tirer les vers du nez :

« Allons, avoue que tu es au courant ! Tu sais bien que ta sœur est enceinte : ça se voit dans son visage !

– Voyons, maman, la morphine te donne des hallucinations ! C'est tout juste si tu respirais encore il y a moins d'une heure…

– Je te dis que j'ai raison. L'ange me l'a dit dans mon rêve.

– Justement, ai-je tenté de la rassurer, ce n'était qu'un rêve ! Peut-être que ce n'est pas encore arrivé et que le bébé s'annoncera seulement dans quelques mois…

– Mais non, de renchérir ma mère, il est déjà là ! Je le sais, l'ange m'a dit que je pourrais le voir naître d'ici quelques mois si j'étais patiente. Je lui ai d'ailleurs répondu que ça me ferait trop de peine de devoir partir une fois que je l'aurais eu dans les bras… J'aime autant mourir maintenant, comme ça, je serai moins triste ! »

Connaissant ma mère, les médicaments devaient lui avoir bousillé les neurones pas à peu près ! Comment aurais-je pu savoir qu'en fin de vie, de nombreuses personnes s'éveillent au contact avec l'au-delà ? Comme si, ayant un pied déjà de l'autre côté du voile, il leur devenait plus facile d'accueillir leurs perceptions extrasensorielles ou plutôt de cesser d'y résister ou de tenter d'en faire abstraction.

Lorsque ma sœur a fini par lui déclarer en fin de journée qu'elle avait eu l'accord de son conjoint pour lui annoncer la venue de son enfant, tout ce que ma mère a trouvé à répondre c'est : « Ah ! Tu vois, je le savais ! » Pour une fois, ce n'était plus moi qui passais pour une sorcière, mais elle, même si je ne crois pas qu'elle ait été en mesure de réaliser ce qui lui arrivait alors.

L'ultime cadeau, cependant, je l'ai reçu quelques jours plus tard, la journée même de son décès. Je m'étais absentée pour la soirée, laissant mon frère et sa conjointe prendre la relève à son chevet. Ce dernier avait fait le voyage en avion à partir de l'autre bout du Canada et, comme c'était son premier contact direct avec la mort, il avait cherché ce qui pourrait l'éclairer sur le phénomène en question. Tout au long du vol qui avait duré plus de quatre heures, il avait lu de longs passages du *Livre des morts tibétain*.

N'étant pas sur place au moment de son arrivée, je ne saurais dire ce qui s'est passé au juste entre notre mère et lui, d'autant plus que j'avais toujours perçu mon frère comme étant le plus «rationnel» de tous les membres de notre famille… Toutefois, j'ai cru comprendre que, se sachant à l'article de la mort, ma mère avait décrété qu'elle ne prendrait pas de calmants pour être certaine d'effectuer son «passage» de manière consciente et bien réveillée.

Quelques heures plus tard, j'ai reçu un appel urgent de la part de mon frère, m'annonçant qu'elle était agonisante, qu'il ne lui restait plus beaucoup de temps à vivre et que, surtout, il ne savait plus quoi faire ! En prenant la route pour me rendre à l'hôpital, je me disais en moi-même : «Mais qu'est-ce qu'il pourrait bien y avoir de plus à faire ? Si elle ne veut pas de médicaments et que les médecins ne peuvent plus rien pour elle, qu'est-ce que moi, je pourrais proposer d'autre ?»

C'était sans compter la scène digne d'un film de science-fiction qui m'attendait aux soins palliatifs : ma mère cherchant son air, ayant peine à respirer, mais luttant contre le masque à oxygène que l'infirmière tentait de lui installer sur le visage ; mon frère qui lui disait de se calmer et de respirer profondément, tandis que mon père et ma sœur étaient dans tous leurs états et que ma belle-sœur ne savait plus où se mettre… le tout dans une pagaille désordonnée à travers les alarmes stridentes des moniteurs cardiaques et autres qui s'affolaient tous en même temps !

J'ai tout de suite deviné – ou plutôt «lu» dans le regard de ma mère – que son «âme» essayait de quitter son corps, mais qu'il y avait un blocage au milieu de sa poitrine qui l'empêchait d'aller plus loin. Tandis que l'infirmière insistait pour donner un calmant à sa patiente et que mon frère s'emportait en lui rétorquant que celle-ci n'en voulait pas, ma belle-sœur a pris le temps de me confier que mon frangin avait entrepris avec notre mère les exercices de «passage» qu'il avait lus dans son gros bouquin de plus de huit cents pages. Elle me précisa que ça allait très bien au début, mais que, tout d'un coup, tout s'était arrêté et que ma mère était ensuite entrée en détresse pulmonaire.

Sidérée, me disant intérieurement que «moi, jamais je n'aurais eu le culot de proposer une telle démarche à ma génitrice», je n'ai pas eu d'autre choix que d'emboîter le pas et de prendre la direction des opérations. Demandant à ma mère la permission de mettre mes mains sur sa poitrine (elle a acquiescé d'un signe de la tête), j'ai effectué quelques mouvements énergétiques pour dénouer rapidement la congestion sur le plan de ses poumons afin qu'elle puisse au moins respirer sans aide.

Mon frère m'a expliqué pendant ce temps qu'il l'avait invitée à expirer profondément pendant qu'il l'accompagnait en «poussant» doucement l'énergie des pieds vers la tête – comme indiqué dans son livre –, mais qu'à un certain moment, tout avait semblé se coincer et que, depuis, plus rien ne bougeait au-dedans d'elle.

Comme l'infirmière nous regardait en silence, droite comme un piquet et les yeux remplis de fureur, j'ai redemandé à mon tour à ma mère si elle ne voulait pas prendre un médicament pour calmer la douleur. Celle-ci nous a très clairement exprimé par un signe de dénégation véhémente qu'il n'en était absolument pas question. Alors, posément, j'ai sollicité l'avis de l'infirmière, m'enquérant s'il y avait quelque chose d'autre qu'elle pouvait proposer comme aide, puisque la respiration n'était plus entravée et que sa patiente refusait l'apport d'oxygène. Lorsqu'elle a secoué la tête à son tour, je lui ai doucement suggéré de prendre une pause et de nous laisser veiller sur ma mère «en famille»... Jetant un dernier regard suspicieux à mon frère (comme si elle croyait qu'il allait étouffer la mourante avec un oreiller), elle a fini par quitter la pièce et tout le monde a poussé en chœur un énorme soupir de soulagement.

Pour ma part, je pouvais sentir que mon père était à bout de nerfs. Souffrant de graves problèmes cardiaques depuis des années, il avait lui-même dû être hospitalisé d'urgence quelques semaines auparavant et s'inquiétait d'être en retard pour sa prise de médicaments. Or, comme il ne les avait pas avec lui, ma belle-sœur lui a offert de l'emmener en voiture récupérer ce dont il avait besoin, voire en profiter pour manger une bouchée en passant afin qu'il puisse reprendre des forces.

Bien entendu, mon père s'est aussitôt mis à pleurer et disait qu'il ne voulait pas quitter sa conjointe de crainte de ne jamais la revoir vivante.

Ma mère lui a alors pris la main et a caressé sa paume lui signifiant ainsi que c'était mieux pour lui qu'il parte. Versant encore quelques larmes au moment de l'embrasser, il a néanmoins accepté d'aller chercher ses pilules en compagnie de sa bru.

Une fois les trois enfants seuls dans la pièce, mon frère s'est remis en position pour faire à nouveau circuler l'énergie hors du corps de ma mère tandis que ma sœur signifiait sa désapprobation prétextant que, dans des circonstances normales, jamais notre mère n'aurait accepté que nous lui fassions subir ces « simagrées rituelles » sans bon sens !

Pendant tout ce temps, ma mère me regardait droit dans les yeux et je lisais dans son regard qu'elle m'implorait de l'aider. Sa respiration faible et saccadée l'empêchait de parler, mais son « âme » me criait de faire quelque chose pour la libérer de cette affreuse et interminable souffrance. J'ai donc repris le mouvement de va-et-vient énergétique, de concert avec mon frère, sentant de plus en plus le corps s'alléger et lâcher prise. Le souffle de ma mère s'est amoindri pour ne plus être qu'un murmure. On aurait pu entendre une mouche voler tant le moment était silencieux et solennel.

C'est à cet instant précis que ma mère a brusquement écarquillé les yeux, tournant la tête vers le fond de la pièce où un faible mouvement vaporeux s'était fait ressentir. Avec un sourire resplendissant, le cœur empreint de gratitude pour les « renforts » qui se manifestaient, j'ai tenté de réconforter ma mère :

« Ce sont les anges, maman, ils viennent te chercher. Comme ça, tu ne partiras pas seule : ils t'accompagneront dans la lumière... »

Une larme a coulé sur la joue de l'auteure de mes jours et là, bénédiction suprême, j'ai entendu son âme me dire :

« Ce sont ces êtres lumineux que tu voyais durant toutes ces années ?

– Oui, maman ! Ils sont là, juste pour toi, aujourd'hui. »

Il y avait tant d'amour et de reconnaissance dans son regard ! J'ai véritablement senti qu'elle me demandait pardon de ne pas m'avoir crue jusqu'à maintenant. Elle a serré ma main très fort, puis a fermé les yeux, savourant sans doute la présence de ces êtres majestueux venus à sa rencontre.

Quand elle a entrouvert les paupières, j'ai tout de suite su qu'elle était prête à partir. Je lui ai demandé si elle voulait que je l'aide, mais elle a secoué la tête. J'ai émis la supposition qu'elle préférait peut-être attendre le retour de mon père et elle a acquiescé. Nous sommes donc demeurés tous les quatre en silence durant de longues minutes, jusqu'à ce que mon père fasse son apparition dans le cadre de la porte.

N'entendant aucun bruit, il a cru qu'il était revenu trop tard, mais j'ai eu tôt fait de lui annoncer que sa tendre moitié l'attendait pour partir. Il s'est donc approché du lit, entouré de ses enfants – ainsi que de ma belle-sœur qui l'avait raccompagné – et il a pu prendre sa femme tendrement dans ses bras pour lui donner un dernier baiser. Celle-ci lui a souri, a exhalé un dernier soupir et s'est envolée en compagnie des anges vers des cieux plus cléments.

Toute la famille s'est mise à rire et à pleurer en même temps. J'étais en train de refermer les yeux de ma mère lorsque l'infirmière est revenue dans la chambre. Elle avait l'air sceptique et inquiet à la fois. Croyait-elle que nous avions volontairement mis fin à ses jours ? Soupçonneuse, elle a demandé à mon père s'il souhaitait procéder à une autopsie. Celui-ci l'a regardée sans comprendre. Mon frère s'est alors mis à rire et lui a annoncé que ce ne serait pas nécessaire… Nous n'avons pas pu nous empêcher de pouffer tous ensemble, tandis que l'infirmière se précipitait pour aller chercher un médecin afin de faire la déclaration officielle de décès. Elle adressa ces mots à mon père :

« Vous avez vingt-quatre heures pour changer d'idée, avant que le corps parte pour le salon funéraire, vous savez…

– C'est le cancer qui l'a emportée, lui a répondu mon père, qu'aurais-je besoin de savoir de plus ? »

Tout ayant été accompli, nous sommes repartis chacun de notre côté, le cœur en paix, en quête d'un repos bien mérité. C'est seulement le lendemain, en fin de journée, que mon frère a osé me demander comment il se faisait que je sache exactement quoi faire face à la détresse de ma mère :

« Tu avais déjà fait ça, avant, aider une âme à sortir de son corps ?

– Tu veux dire dans cette vie-ci ? demandai-je innocemment.

– Oh, toi pis tes histoires ! s'exclama mon frère, en rendossant son esprit critique. Je préfère ne pas le savoir, finalement ! »

Je ne pus m'empêcher de sourire, sachant qu'il ne comprendrait sans doute pas ce que voulait dire « canaliser » la bonne information au bon moment, mais qu'il avait quand même apprécié notre collaboration de la veille.

Ce qui m'a le plus surprise, en définitive, c'est lorsque mon père nous a rassemblés tous les trois enfants pour nous faire promettre d'être présents à son chevet afin de faciliter sa propre transition « quand viendrait le temps pour lui de rejoindre l'élue de son cœur »...

Les enseignements reçus par Gaïa à la suite de cette expérience transcendante m'ont grandement éclairée sur le sens profond de la vie et de la mort. J'avais toujours cru que la loi du karma se résumait tout bonnement au dicton « on récolte ce que l'on sème ». J'imaginais donc que chacune de nos bonnes comme de nos mauvaises actions se voyait consignée dans la *Bible des Âmes* et, qu'à la fin de notre vie, le tout était pesé sur les plateaux d'une immense balance cosmique servant à déterminer quelles en seraient les «conséquences» sur notre vie future.

Ayant eu l'impression que ma propre mère avait passé une bonne partie de sa vie renfermée sur elle-même, à tout critiquer et à avoir peur de l'opinion des autres, je me figurais que sa «convalescence» mettrait un certain temps à perdurer dans l'au-delà. Même si je «sais» qu'il n'y a pas de temps de l'autre côté du voile, les livres que j'avais lus, tout comme les films abordant ce sujet, laissaient supposer que nous devions passer d'abord par un temps de transition et d'examen de conscience avant d'accéder aux dimensions supérieures.

Pourtant, à peine deux semaines après le décès de ma mère, l'une de mes amies a prétendu qu'elle lui avait rendu visite durant sa méditation et que non seulement était-elle rayonnante, mais qu'elle avait, toujours selon ma copine, revêtu un genre de sari de moine et s'était fait raser la tête… Cette vision «irréelle» m'a rendue quelque peu perplexe, d'autant plus que *moi*, je n'avais aucun contact avec ma mère depuis qu'elle nous avait quittés.

J'avais maintes fois tenté de me connecter à elle, mais sans résultat. C'est plutôt ma chère mère cosmique, Gaïa, qui s'est présentée à moi:

«Tu ne peux joindre ta mère parce que tu la cherches avec tes yeux humains en portant le même regard sur elle que tu avais de son vivant, m'a-t-elle expliqué. Mais elle n'est *plus* la même qu'avant: elle a accepté sa lumière et les portes du ciel se sont ouvertes devant elle pour l'accueillir dans son plein rayonnement divin.

– Je ne comprends pas! Comment est-ce possible? Elle était malade, avait choisi de tout laisser derrière elle – ses problèmes, ses relations tumultueuses, ses conflits non résolus – et décidé de se laisser mourir sans même lutter pour sa guérison!

– Il existe de nombreuses façons de guérir. Choisir consciemment de quitter son corps souffrant en est une…

– Mais elle était à peine lucide, continuant d'entretenir ses fausses croyances et ses illusions quant à l'absurdité du monde invisible !

– C'est ce que TOI, tu crois ! Tu ne sais rien de sa vie spirituelle. Vous étiez tellement différentes que tu n'as vu en elle que son manque de foi et sa fermeture à l'énergie. Or, lorsqu'elle a reconnu les anges qui sont venus vers elle, elle s'est ouverte à l'amour divin dans sa forme la plus pure et elle a été *transfigurée.* »

J'avais déjà lu ce mot dans le Nouveau Testament, au sujet du prophète Élie et de Jésus, mais je voyais mal comment ce terme pouvait aussi s'appliquer à ma génitrice, cette femme souvent âpre et sévère qui ne montrait jamais ses émotions…

« L'illumination peut se produire en une seconde, mon enfant. À partir du moment où la lumière s'infiltre dans ton cœur et se répand ensuite dans tout ton être, tout devient possible : la guérison, la libération du passé même le plus lourd et l'élévation de la conscience vers les dimensions les plus célestes qui soient.

– Devrais-je comprendre que c'est donc moi qui ne vibre pas assez “haut” pour aller la rejoindre ?

– Et si ton cœur avait seulement besoin de se guérir de la façon dont tu as eu l'“impression” d'être traitée par elle durant toutes ces années ? C'est une expression que tu utilises souvent : “J'ai l'impression que…” Une impression, ce n'est pas la réalité, mais plutôt de la “pression” que tu t'imposes à toi-même en ébauchant des scénarios douloureux ou en nourrissant des croyances qui te font te sentir toujours de plus en plus mal en dedans de toi.

– Que ma mère ait crié après moi, m'ait insultée, frappée, dénigrée et trahie, ce n'est pas une “impression”, comme tu dis, mais un fait ! (Une grosse boule d'émotions se forme dans ma gorge.) Je n'ai quand même pas inventé tout ça ?

– Tu ne peux changer ce qui s'est passé dans ta vie, mais toi seule peux choisir les leçons et les émotions que tu en retiens. Au fond de toi, tu le sais, peu importe ce que tu as éprouvé ou subi, cela n'a en rien “entaché” ton âme ni altéré toute la lumière présente en toi-même ! »

Je ne peux retenir les larmes qui coulent sur mes joues. Tant de souffrances, tant de malheurs… et j'aurais tout vécu ça pour rien ? Pire encore, celle qui m'en a fait voir de toutes les couleurs et qui a été la cause de bien des tourments, *elle*, n'aura à répondre d'aucun de ses actes ?… Quelle injustice !

« La blessure d'injustice, c'est toi qui l'alimentes et l'amplifies en préférant croire que ce sont les autres qui te causent de la douleur. Et si, dans son grand amour pour toi, l'âme de ta maman avait choisi de se montrer dure et ferme envers toi pour t'obliger à t'incarner davantage, toi qui aurais bien souvent préféré trouver refuge dans les nuages ? Et si, dès ta plus tendre enfance, elle avait reconnu ton immense potentiel intérieur et, en étant exigeante et critique envers toi, elle t'avait poussée à te dépasser sans cesse ? Se pourrait-il que celle qui t'a donné le jour se soit engagée bien avant ta naissance à ne pas te laisser te perdre parmi toutes les illusions de ce monde pour que tu puisses un jour devenir celle que tu es aujourd'hui ?

– Mais, si tout cela est vrai, pourquoi ne m'en a-t-elle jamais rien dit ? (Toute ma colère intérieure s'est évaporée pour faire place à une tristesse colossale…) Je n'aspirais pourtant qu'à cela, comprendre pourquoi elle agissait ainsi !

– Les liens qui relient les âmes entre elles sont bien souvent mystérieux. On ne peut les appréhender sur le plan de la “personnalité”, mais seulement avec le cœur. Or, dès le moment où celui-ci se ferme, que tu en viens à croire que quelqu'un t'en veut ou ne t'aime pas, ta petite voix intérieure ne peut plus rien faire pour traverser les murailles que tu édifies autour de toi. Alors, seul le pardon peut te guérir. Non pas le pardon de l'autre, mais de toi-même : te pardonner de t'être raconté de telles histoires navrantes qui t'ont ensuite éloignée des autres et de leur amour envers toi... »

Intérieurement, je me sens comme si un mur de vingt mètres venait de s'écrouler sur moi. Je surnage dans les décombres, ne sachant pas si tous mes morceaux sont encore intacts ou si je me suis retrouvée en pièces détachées sans m'en apercevoir. Malgré le regard bienveillant de Gaïa et la chaleur remplie de bienveillance qui se dégage d'elle, je ressens des meurtrissures sur tout mon corps et jusque dans les replis les plus secrets de mon être. Ma tête « sait » que ma mère cosmique a raison, mais une partie de moi refuse d'accepter cette vérité qui vient démolir toutes les défenses que j'ai mis des années à construire en dedans de moi.

« Et si tu étais venue ici, sur Terre, pour reconnaître pleinement l'être lumineux et divin que tu es en réalité... de gré ou de force ? Ainsi, tous les événements douloureux de ta vie – les épreuves, les problèmes, les échecs – ne seraient survenus que pour t'offrir l'occasion de transcender toutes ces limites illusoires afin d'accéder à ton potentiel cocréateur, divin et infini... Ici et maintenant, tu as le choix, chère âme : continuer de regarder le monde qui t'entoure à travers les yeux de la souffrance et de la peur ou entrer profondément en toi-même et partir à la recherche de l'être illimité, éternel et resplendissant que tu as *toujours* été.

– Je ne sais pas... Je ne peux pas... Je suis si petite, si faible, si fragile ! (Je vois bien à quel point il m'était plus facile jusqu'à aujourd'hui de blâmer mes parents, les autres et Dieu lui-même plutôt que d'assumer ma propre lâcheté dans tout ça. C'était bien plus commode pour moi de m'apitoyer sur mon sort...)

– Il n'est jamais trop tard pour dire oui à la lumière ! Regarde ta mère : un instant a suffi pour qu'elle guérisse toutes ses blessures en accueillant l'amour divin dans toutes ces cellules ! »

Et, sans crier gare, le moment magique que j'attendais s'est enfin produit: j'ai vu ma chère maman avancer en pleine lumière, souriante et rayonnante. Elle ne s'est pas approchée de moi, mais j'ai pu ressentir toute sa tendresse et tout l'amour qu'elle m'adressait à partir de son cœur étincelant, tel un faisceau éblouissant venant irradier tout mon être. J'ai enfin senti le pardon et la paix s'installer dans toutes mes cellules... Et j'ai pu dire un dernier au revoir empreint de gratitude à cette âme exceptionnelle qui m'avait accompagnée pendant si longtemps.

Par la suite, je croyais que Gaïa en avait fini avec moi et qu'elle avait partagé avec moi tout ce qu'il m'était essentiel de savoir au sujet du bien et du mal, mais c'était sans considérer la profonde sagesse que tentait de m'inculquer ma divine enseignante (qui ne ratait d'ailleurs pas une occasion de me rappeler qu'elle était seulement une partie de moi-même, une «facette» de mon Moi supérieur).

Pendant tout un été, j'ai eu droit à mille et une questions pièges:

«Se pourrait-il que l'on puisse faire le mal en voulant faire le bien, et vice-versa? Par exemple, le soldat qui part à la guerre ou la femme qui tue son mari violent afin de protéger ses enfants sont-ils condamnables d'avoir enlevé la vie à quelqu'un? Devront-ils "payer" pour leurs erreurs? Ou, à l'opposé, l'homme qui s'est toujours sacrifié pour que sa famille ne manque de rien, mais qui a travaillé durement toute sa vie, au point d'être constamment absent et d'y laisser sa peau, serait-il plus "méritant" parce qu'il a été bon et généreux envers tous sauf lui-même?

– C'est comme me demander si le couteau est une arme dangereuse parce qu'il peut servir à la fois à couper du pain et à trancher la gorge de quelqu'un! (Je me suis mise à rire gaiement, commençant à prendre plaisir à ce petit jeu du chat et de la souris.) Je suppose que ça dépend des circonstances?

– En fait, tout est dans l'œil de celui qui voit ! Prends, par exemple, la guerre du Golfe : pour les Américains, ce sont les Irakiens qui sont les méchants terroristes à abattre, mais pour les enfants innocents devant éviter les tirs de fusils, qui sont les ignobles envahisseurs ?

– Est-ce que cela veut dire qu'à la fin de sa vie, chacun se retrouve devant sa propre conscience ?

– Et si la culpabilité se mesurait non pas par les actes faits, mais plutôt par la somme des émotions douloureuses accumulées et emmagasinées en chacun ?

– Cela impliquerait qu'une personne qui s'est donnée aux autres durant toute son existence, mais qui ne s'est jamais sentie à la hauteur ou ne s'est jamais jugée digne de "récolter" ce qu'elle a semé serait condamnée à revenir sur terre pour apprendre à s'aimer davantage et à trouver le juste équilibre entre donner et recevoir, c'est bien ça ?

– Ce n'est pas aussi simple ! Par exemple, dans le cas de ta mère, tout dépend de la capacité de l'âme à accueillir l'amour divin en elle-même. Bien entendu, plus un individu aura l'impression d'en avoir long à se faire pardonner, plus il lui sera difficile de percevoir la lumière au-dedans de lui et, par conséquent, au-dehors. Il en va de même de l'autre côté du voile… »

Je pouvais comprendre que les expériences malheureuses que nous affrontons dans notre vie puissent nous inciter à fermer notre cœur pour nous protéger des autres, mais de là à refuser l'amour divin… Comment pouvons-nous demeurer insensibles à la présence chaleureuse et réconfortante des anges présents pour nous accompagner au moment de notre trépas ?

« Certaines personnes ne voient pas les anges ni même les personnes défuntes de leur entourage, présents à leur côté lorsqu'elles traversent le tunnel de lumière, me précise Gaïa avec son infinie douceur. Elles sont tellement préoccupées par les aléas de leur existence terrestre qu'elles ne soupçonnent même pas qu'il puisse exister autre chose "après"...

– Mais alors, que leur arrive-t-il ?

– Elles continuent d'évoluer à leur rythme, au sein de l'univers chimérique qu'elles se sont créé pour se rassurer, en s'imaginant que leur "vie" se poursuit comme si de rien n'était...

– Mais, c'est épouvantable !

– Pas pire que de voir comment les humains se comportent sur Terre, se limitant à "gagner leur vie" à la sueur de leur front, sans prendre soin de leur corps, ni de leur âme pourtant si précieuse... »

Des semaines durant, j'ai médité sur ces interrogations terrifiantes : étais-je tel un robot conditionné à errer sans but sur Terre en faisant comme tout le monde ou avais-je réellement la liberté de me choisir et de prendre soin de mes besoins, sans arrière-pensée et sans culpabilité ? Pouvais-je affirmer haut et fort que je m'aimais vraiment et que j'accueillais ma véritable lumière ou avais-je encore peur d'être jugée par mon entourage en me centrant trop sur moi-même ?

Mon ouverture d'esprit fut rapidement mise à l'épreuve lorsqu'un nouveau client s'est présenté à mon bureau, m'avouant sans ménagement qu'il exerçait le métier de « tueur à gages ». Il se disait très fier d'être un « tireur d'élite » engagé par les services secrets pour « faire disparaître » toute la racaille complotant dans l'ombre des gouvernements qui l'embauchaient.

Bien entendu, j'aurais pu mettre en doute son histoire, croyant qu'il délirait tout simplement, mais le fait qu'il m'explique qu'il venait pour trouver une solution à ses troubles digestifs récalcitrants me laissait supposer qu'il était sincère.

J'aurais pu aussi me contenter d'écouter mon esprit rationnel, émettant un jugement bien légitime sur le fait qu'une partie de lui se « rongeait » inconsciemment de devoir trucider des gens, d'où les maux de ventre, mais il paraissait tellement fier des exploits qu'il accomplissait dans l'armée et des innombrables médailles qu'il avait reçues ! Ma petite voix m'invitait à aller « au-delà des apparences » en l'incitant à m'en dire plus.

L'homme m'a ensuite raconté que son travail le faisait voyager aux quatre coins de la planète et qu'il trouvait cela parfois bien difficile de devoir s'absenter pour de longues périodes. Il venait tout juste de se séparer de sa conjointe six mois auparavant et s'attristait de ne pouvoir obtenir la garde partagée de sa petite fille de quatre ans, étant donné ses fréquents déplacements hors du pays.

J'ai compris, à l'écouter parler de sa fillette, qu'il était en effet rongé par une culpabilité, non pas inhérente au type de travail qu'il faisait, mais plutôt à cause de l'impression d'être un mauvais père pour son enfant. Il était conscient qu'il ne pouvait amener sa fille partout avec lui, mais s'en voulait de ne pas être constamment présent à ses côtés lorsqu'elle avait besoin de lui.

La thérapeute en dedans de moi aurait bien pu passer complètement à côté du réel malaise intérieur de mon client si je m'étais arrêtée à poser un jugement de valeur sur ses choix de vie. Et, même si une partie de moi demeure convaincue qu'il me serait impossible d'enlever la vie à un être humain quelles qu'en soient les circonstances, j'ai compris que toutes les notions « dualistes » (bien/mal, noirceur/lumière, féminin/masculin, etc.) ne sont que les reflets extérieurs des parties au-dedans de nous qui ne sont pas encore « unifiées » et qui se sentent encore séparées de la Source originelle.

Et si la meilleure façon de s'extirper des affres illusoires du karma consistait à chercher à ne voir que la perfection et la magie en toute chose, sachant que tout ce que nous n'accueillons pas « de gré », la vie nous l'imposera « de force »… jusqu'à ce que nous ayons enfin retrouvé la paix en nous-mêmes ?

Chapitre SIX

Pourquoi sortir de notre zone de confort?

À travers les leçons spirituelles de Gaïa, je me rendais compte que, chaque jour, mon regard sur le monde et sur le sens de ma vie se transformait pour devenir plus empreint de compassion et de tolérance. Je prenais conscience que les gens qui m'entouraient ne me voulaient pas de mal, mais étaient eux-mêmes tellement submergés et désemparés par leur propre souffrance qu'ils tentaient de s'en débarrasser par tous les moyens disponibles, y compris dérober l'énergie de leurs proches pour s'en nourrir.

Le livre à succès *La prophétie des Andes* fait partie de ces livres significatifs qui m'ont permis de comprendre ce besoin que nous avons, nous, les humains, d'accaparer l'énergie de ceux qui nous entourent (leur attention, leur valorisation, leur amour, etc.) afin de compenser le manque de lumière présent en nous-mêmes. Ma compréhension des mécanismes de survie et de domination, décrits par l'auteur James Redfield, m'a permis de réaliser que, même en croyant vouloir aider et « sauver » les autres, je ne recherchais en fait qu'à m'attirer la reconnaissance que je ne parvenais pas à m'accorder à moi-même.

Comme la plupart des personnes que je connais, je me contentais de « survivre » plutôt que de vivre pleinement. Je continuais de croire malgré moi que la seule façon d'être heureuse, c'était de me sentir aimée, d'être bien entourée et de réussir tout ce que j'entreprenais afin d'obtenir la sécurité – matérielle, familiale et sociale – à laquelle j'aspirais... en vain, bien entendu. Pourtant, je voyais bien que, peu importe les pas que je faisais, les thérapeutes que j'allais consulter et toutes les prises de conscience qui me permettaient de grandir, un grand vide impossible à combler subsistait continuellement en moi.

C'est pourquoi j'accueillais avec gratitude tous les petits moments de magie qui se présentaient sur ma route : les rencontres de cœur à cœur avec de belles âmes, l'émerveillement devant la nature toujours si revigorante pour mon être, les bénédictions du ciel sous forme d'abondance financière ou d'occasions à saisir (un voyage impromptu, un nouvel emploi, un objet dont j'avais besoin et qui, juste au bon moment, était soldé à moitié prix)... Si tout cela parvenait à me faire sentir momentanément comblée, il m'en suffisait aussi de peu pour que mon énergie redescende en flèche : une mauvaise nouvelle, une dispute avec mon conjoint, les difficultés de mes enfants à l'école, un repas mal digéré, une attente déçue, et tant d'autres broutilles... Bref, n'importe quel événement extérieur déplaisant continuait d'influencer mes humeurs et de me miner en dedans.

À travers mes contacts avec Gaïa, je voyais bien que les vibrations changeaient en moi en sa présence ; qu'en faisant les exercices appris au fil du temps (respirer, m'enraciner, dédramatiser et confier mes soucis à l'univers), je parvenais à me recentrer plus facilement, à maintenir un niveau d'énergie vitale plus constant, mais la moindre négligence envers moi-même (heures de sommeil irrégulières, abus de nourriture ou d'alcool, obligations que je m'imposais ou besoins essentiels que je remettais à plus tard) avait des conséquences de plus en plus fâcheuses sur ma vitalité intérieure et ma joie de vivre. Je me disais en moi-même que, finalement, « vivre en conscience » n'était pas si simple que ça : « Avant, au moins, j'étais malheureuse, mais je ne savais pas que c'était MOI qui me faisais subir tout ça ! »

« Le jeu de la conscience peut être à la fois une bénédiction et un fardeau, m'expliqua Gaïa. Il libère des illusions dans lesquelles l'esprit humain s'emprisonne, mais il exige une attention constante aux pensées et aux émotions créées par la personnalité en manque de nourriture lumineuse…

– Mais, est-ce que je finirai par me débarrasser un jour une fois pour toutes de cette "personnalité" œuvrant continuellement à me saboter l'existence ?

– La personnalité, ou l'ego, si tu préfères, pourrait être comparée à la roue de secours d'une voiture : son rôle est de prendre la relève quand tu fais une crevaison, c'est-à-dire quand tu te retrouves déstabilisée dans un domaine particulier de ta vie. Tout comme il importe de t'assurer que les quatre pneus de ta voiture sont bien équilibrés et gonflés de manière appropriée pour prendre le volant en toute sécurité, si tu veilles à ce que l'énergie que tu investis dans chacune des quatre dimensions présentes en toi-même – physique, émotionnelle, mentale et spirituelle – soit bien harmonisée, dans le respect et la plénitude, tu n'auras pas besoin que ton ego s'impose ou prenne les rênes ; la roue de secours pourra ainsi demeurer bien à sa place, dans le coffre arrière de ta voiture. Par contre, vouloir « tuer l'ego » ou tenter de faire disparaître ta personnalité serait comme de prétendre pouvoir te départir de ton pneu de rechange parce tu es convaincue que tu n'en auras plus jamais besoin… Qui sait ce qui t'attend devant toi, là-bas, sur la route ? »

Je ne pouvais m'empêcher d'être fascinée par la profondeur des messages reçus et la pertinence des images employées par Gaïa pour m'aider à assimiler ces vérités denses et mystérieuses. Une partie de moi s'enthousiasmait chaque jour davantage et éprouvait de plus en plus fréquemment le besoin intrinsèque de partager ces enseignements judicieux autour de moi.

Je n'ai jamais eu une « passion » pour l'écriture, mais étant dotée d'une aisance naturelle pour « raconter » les choses en les vulgarisant au maximum et, surtout, en choisissant d'aller à l'essentiel, je me suis laissé convaincre par certaines de mes amies de consigner par écrit quelques-unes de mes conversations personnelles avec Gaïa. Encore une fois, c'était sans compter la puissance lumineuse de mon enseignante qui, disons-le, en a « profité » pour se glisser dans mon esprit et diriger ma plume à sa guise…

Dans un premier temps, je me suis contentée de faire parvenir mes premières canalisations signées Bianca Gaïa aux personnes de mon entourage. Sans que je sois au courant, celles-ci se sont empressées de les transmettre à leur propre réseau de contacts et, en seulement quelques semaines, je me suis mise à recevoir des demandes de partout dans le monde de gens souhaitant s'inscrire à ma *newsletter*. Or je n'avais même pas de site Web à l'époque et je ne savais même pas comment me constituer une liste d'envoi !

Qu'à cela ne tienne, ayant le privilège d'avoir dans ma vie deux spécialistes de l'informatique, mon mari et l'un de mes fils, je me suis dit « pourquoi pas ? » et, rapidement, biancagaia.com a vu le jour. Si quelqu'un m'avait prédit que, dans les années qui suivraient, ce site attirerait plus de soixante-quinze mille visiteurs par année, je ne l'aurais jamais cru. Et encore moins que je serais un jour invitée en Europe pour y donner des conférences et animer des ateliers ! Non seulement cela ne faisait pas partie de mes ambitions personnelles (surtout avec quatre adolescents vivant encore à la maison), mais, ayant été dénigrée une grande partie de ma vie à cause de mes prétendues « élucubrations surréalistes », je n'aurais jamais pu imaginer que ma vie « spirituelle » puisse susciter un quelconque intérêt pour qui que ce soit…

En quelques mois, plus de trois cents personnes se sont abonnées afin de recevoir les messages de Gaïa et de toutes les autres entités de lumière que je canalisais. Je me suis rapidement retrouvée inondée de demandes de consultations individuelles de la part de gens souhaitant recevoir un message personnalisé et des réponses à leurs questions urgentes ou existentielles. Loin de satisfaire mon immense besoin de valorisation ou de me laisser griser par le succès, cela a plutôt contribué à faire émerger en moi un obscur sentiment d'impuissance et d'inadéquation. Qui étais-je, moi, pour attirer la sympathie et l'admiration d'autant d'inconnus ? À mes yeux, j'étais seulement un « canal », un simple « haut-parleur » à travers lequel des êtres infiniment plus grands que moi acceptaient de s'exprimer... Je n'adhérais aucunement à cette sagesse que les gens disaient voir en moi, et encore moins aux pouvoirs de guérison de l'âme que l'on m'attribuait. Je me sentais plutôt comme un imposteur !

Une amie m'a alors invitée à lire ce passage bien connu du livre de Marianne Williamson, *Un retour à l'Amour* : « Notre peur la plus profonde n'est pas de n'être pas à la hauteur, notre peur la plus profonde est que nous sommes puissants au-delà de toute limite, c'est notre propre lumière et non pas notre obscurité qui nous effraie le plus. Nous nous posons la question : Qui suis-je donc, moi, pour être si brillant, talentueux et merveilleux ? En fait, il faudrait plutôt vous demander : Qui êtes-vous pour ne pas l'être ? Vous êtes un enfant de Dieu. Le renoncement à vivre votre plein potentiel ne contribue pas au bien-être de la planète. Nous n'avons rien à gagner à n'occuper qu'une toute petite place pour éviter que les gens de notre entourage se sentent dévalorisés. Nous sommes nés pour irradier la gloire de Dieu en nous. Elle n'est pas présente que chez certaines personnes : nous la possédons tous ! Et en faisant rayonner notre Lumière, nous donnons inconsciemment le droit aux autres d'en faire autant. En nous libérant de notre propre peur, nous contribuons à ce que notre présence libère automatiquement les autres. »

À ce beau texte inspirant se sont ajoutées les recommandations de Gaïa :

« Cesse de regarder vers le sommet de la montagne en te disant que tu ne l'atteindras jamais ! Tu es trop perfectionniste et exigeante envers toi-même !

– C'est vrai, je le sais…

– Plutôt que de te remettre constamment en question en te disant que tu n'es pas assez bonne ou qu'il te reste encore tellement de travail de “purification” à faire en toi-même, si tu prenais juste le temps de t'arrêter un moment pour jeter un coup d'œil derrière ton épaule et contempler tout le chemin que tu as parcouru jusqu'à maintenant ? »

Je ferme les yeux un instant, tentant de m'imaginer la chose…

« Vois à quel point la distance qu'il te reste à parcourir est bien moins grande que tous les échelons que tu as réussi à gravir jusqu'à maintenant, de continuer Gaïa. Honore ton courage, célèbre tes succès, admire ta persévérance et reconnais toutes ces puissances lumineuses présentes en toi qui t'ont permis de passer au travers de chaque tempête affrontée. Visualise que tu peux désormais t'appuyer sur ces forces intérieures indestructibles pour continuer à avancer en toute confiance et accepte seulement de partager avec ceux qui t'entourent les outils qui t'ont permis d'en arriver où tu es aujourd'hui…

– C'est si simple quand je t'écoute parler…

– Réfléchis : après tout, ce n'est pas une fois positionné au sommet qu'on peut enseigner aux autres à faire de l'alpinisme, mais bien au cœur des sentiers, en leur communiquant les leçons de vie apprises sur le terrain : “Fais attention, il y a un précipice là-bas, j'ai bien failli y tomber” ou encore “Tu peux passer par ici, j'ai trouvé un raccourci pas trop abrupt”…

– Partager mon expérience de vie, tout simplement…

– N'y a-t-il pas un dicton qui dit qu'on enseigne aux autres ce que l'on a le plus besoin d'apprendre soi-même ? Le fait de transmettre les messages que tu reçois, par écrit ou en personne, demeure la meilleure manière pour toi de les intégrer dans ta vie. Et tu n'as rien d'autre à "faire" que de dire OUI ! »

Et Gaïa avait raison : c'est ce oui hésitant et tout frémissant que je suis parvenue tant bien que mal à dire en dedans de moi qui a changé ma vie ! J'ai dû accepter de sortir de ma zone de confort et de mon armure protectrice pour oser révéler ma lumière et me dévoiler à moi-même toute cette « splendeur » dont je ne soupçonnais aucunement l'existence, sommeillant depuis si longtemps dans mon âme et dans toutes mes cellules... comme dans celles de chaque être humain sur Terre !

Ainsi, j'ai pris conscience que cette impression persistante de vide à l'intérieur de moi ne provenait pas d'un manque ou d'une faiblesse quelconque, mais plutôt de ma « séparation » d'avec le meilleur de moi-même : ma lumière divine, éternelle et illimitée, l'Essence de qui JE SUIS réellement... Le « savoir » est une chose, mais le « ressentir » dans tout son être fait vraiment toute la différence !

En outre, cette extraordinaire découverte m'a permis de me rendre compte que cette belle lumière qui habite à l'intérieur de chacun de nous constitue en réalité un réseau de contacts invisible, un « fil d'Ariane » nous reliant tous les uns aux autres, peu importe où nous demeurons dans le monde. Et, ainsi, qu'il me suffit de me connecter énergétiquement à la *Bible des Âmes*, ces fameuses annales akashiques, pour recevoir instantanément des informations pertinentes concernant chaque personne qui daigne faire appel à mes humbles dons de canalisation pour obtenir un éclairage « inspiré » au sujet de sa situation de vie actuelle...

Ce n'est qu'en fusionnant avec ma propre divinité intérieure que j'ai pu avoir accès à celle des autres afin de pouvoir leur insuffler à mon tour cette conviction profonde qu'il ne sert plus à rien de « travailler fort » sur nous-mêmes... puisque notre plus grand défi demeure tout simplement de

« nous souvenir de QUI nous sommes vraiment » ! Dit en d'autres mots, « plutôt que de nous évertuer à arracher les mauvaises herbes dans notre jardin intérieur, pourquoi ne pas nous contenter d'arroser les fleurs jusqu'à ce qu'elles occupent toute la place ? ».

Maintes fois, par la suite, j'ai pu constater que le fait d'accueillir mes qualités, mes acquis, mes dons et mes vertus ainsi que de me mettre à l'écoute de mes besoins, de mes rêves et de mes désirs me permettait non seulement de fusionner avec toutes les parties lumineuses de mon être, mais d'enseigner aux autres, par mon exemple, à faire de même. C'est alors qu'enfin, j'ai pu accepter pleinement d'être la « porte-parole » de Gaïa, cette merveilleuse conscience divine et planétaire qui nous rassemble tous vers le même élan évolutif, ascensionnel et libérateur…

Chapitre SEPT

Hasard ou synchronicité ?

À partir du moment où j'ai pris la décision de dire OUI à laisser émerger la lumière en moi-même pour ensuite la partager autour de moi, c'est comme si toutes les forces de l'univers s'étaient alignées pour favoriser la mise en place d'un destin qui a dépassé tous mes rêves les plus fous.

En quelques semaines, j'ai reçu des invitations en France, en Suisse et en Belgique. Moi qui étais allée en Europe une seule fois, quinze ans plus tôt, en voyage de noces, voilà que cette fois, soutenue et encouragée par mon tendre conjoint, je partais à l'aventure toute seule, allant à la rencontre de personnes comme moi, intéressées à se connecter au divin en elles-mêmes ainsi qu'à leur famille de lumière.

Mon premier séjour ne fut pas de tout repos ! Je me rappelle que, dans le train entre Paris et Lausanne, une panne de courant sur la voie a entraîné un retard de plus d'une heure et demie. N'ayant pas de téléphone portable à l'époque, je n'avais aucun moyen de joindre la dame qui devait venir me chercher à la gare et à qui je n'avais parlé qu'une seule fois par téléphone. Je ne pouvais m'empêcher de réfléchir à l'ironie de la situation: j'étais à plus de cinq mille kilomètres de la maison, absolument personne, mis à part cette dame, ne savait où je me trouvais exactement et, si celle-ci n'était pas là à mon arrivée, je serais toute seule en Suisse, sans contact ni repère pour un bon bout de temps…

J'ai, bien entendu, demandé à être protégée et, de son côté, la dame, dans son infinie patience, m'avait attendue sur place pour ne pas que je m'inquiète. Et tout comme pour l'atelier que j'avais donné à Paris la semaine précédente, elle avait réussi à réunir une vingtaine de participants (sans compter les consultations individuelles) tous aussi ouverts et réceptifs les uns que les autres. Si, chez moi, au Québec, je jouissais d'une certaine notoriété, animant des séminaires de développement personnel depuis une dizaine d'années, j'étais néanmoins surprise de voir que mes canalisations avaient traversé l'Atlantique et séduit une quarantaine de personnes au point de vouloir participer à une fin de semaine complète en ma compagnie ! Assurément, quelques anges ont œuvré en ce sens à mon insu… et je me suis laissé porter par la vague !

Au cours des années qui ont suivi, il suffisait que je sois invitée quelque part, comme à Annecy, et que je me dise : « Ce serait bien de retourner aussi à Lausanne, c'est juste à côté », et le téléphone sonnait, souvent, dans la même journée. Était-ce seulement un hasard ? Je me rappelle qu'à mon arrivée à Annecy pour la première fois, Julie, mon organisatrice sur place était un peu troublée par le fait qu'il y avait seulement trois ou quatre inscriptions pour l'atelier de deux jours et demi, et moins d'une quinzaine pour la conférence du mercredi soir. Suivant ma philosophie du moment, inspirée par mon amoureux, je me suis dit que, comme j'étais « payée » pour me promener en Europe, autant en profiter pour visiter les lieux et savourer chaque minute de liberté que m'offrait la vie. Aussi, j'ai donc répondu à la demoiselle que si l'atelier n'avait pas lieu, nous pourrions en profiter pour sillonner ensemble son magnifique coin de pays !

Il faut avouer que le lac d'Annecy est sans contredit l'un des plus beaux de France ! Ses eaux turquoise entourées de montagnes enneigées le font paraître comme une émeraude dans son écrin. Et que dire du Vieux-Annecy : son château, ses canaux et ses petites maisons savoyardes... Fabuleux ! Seule ombre à mon tableau féerique : ma charmante organisatrice vit pour sa part dans un studio minuscule. Julie me propose de prendre son lit alors qu'elle dormira par terre, sur un matelas gonflable. En un instant, je me demande si je ne devrais pas plutôt me chercher un hôtel, mais comme celle-ci habite un peu en dehors du centre, je constate qu'il n'y en a aucun à proximité. Qu'à cela ne tienne, je m'adapte à tout ! Mais, c'était sans compter l'intervention de mes « petits copains là-haut »...

Ayant un peu de temps libre durant l'après-midi, sur la recommandation d'un ami suisse, nous sommes allées visiter le monastère Saint-Germain-de-Talloires, situé dans un petit village en bordure d'une falaise escarpée, là où, des siècles auparavant, un moine a pris refuge dans une grotte pour y prier et y finir sa vie. En pénétrant dans cet espace étroit reconverti en oratoire, j'ai tout de suite ressenti la présence bienfaisante de la Flamme violette. M'intériorisant pour mieux accueillir cette belle lumière purificatrice, des images d'un autre temps me sont apparues : non point celle du moine ermite ayant vécu dans ce lieu, mais plutôt celle d'un autre homme, un alchimiste de renom, venu à son tour visiter cette petite grotte quasiment anonyme.

L'homme, étant entré en pleine connaissance de ses vies antérieures, s'était rendu sur place pour redécouvrir l'endroit où, lors d'une lointaine incarnation précédente, il avait joint pour la première fois cette puissante énergie de transformation et de transmutation cellulaire. À travers les images qui défilent derrière mes yeux, je vois que l'ermite qu'il a été, même s'il a instantanément été transformé par cette rencontre magique avec l'énergie dans sa forme la plus pure, avait passé sa vie à tenter de rétablir ce fugace contact privilégié avec la lumière divine. Je comprenais que, comme il l'avait cherchée à « l'extérieur », mais sans la reconnaître en lui-même, celle-ci s'était faite discrète, pour ne pas dire absente, jusqu'à la fin de ses jours.

Selon mes calculs, cela aura pris six cents ans de plus et des siècles d'intériorisation pour que cette âme exceptionnelle trouve enfin la voie de l'illumination et accède à la pleine maîtrise alchimique. Dans ma vision, je perçus que c'est en retraçant ses pas par la connexion à la *Bible des Âmes* que l'homme prit la décision de revenir en pèlerinage à Talloires afin d'honorer sa première rencontre avec la Flamme violette. Quel ne fut donc pas son étonnement de constater que l'humble ermite qu'il avait incarné des centaines d'années auparavant avait été canonisé sous le nom de « saint Germain ». S'amusant de cette anecdote croustillante – surtout en sachant que le moine était mort accablé par le désespoir, dans la désuétude la plus totale –, c'est en souvenir de cette première initiation à l'énergie violette que l'alchimiste choisit d'adopter le nom de « comte de Saint-Germain » **(voir Illustration # 3)**.

Revenant dans le moment présent, je me rendis compte que le maître se tenait à mes côtés, irradiant de majestueux faisceaux violets. Tandis que je me réjouissais du privilège qui m'était accordé, Saint-Germain s'est adressé directement à mon âme :

« Ne perds pas ton temps, comme le moine que j'ai été, à croire que Dieu se trouve à l'extérieur, dans la magie et les signes que tu vois autour de toi. Accepte l'être divin présent en toi-même depuis ta création originelle, il y a de cela des millénaires. Tu es, toi aussi, une vieille âme ayant foulé cette terre de France où tu te sens si familière. Tu crois t'être déplacée jusqu'ici pour transmettre au monde les enseignements que tu as reçus ces dernières années, mais, en réalité, tu es plutôt venue retrouver toutes ces parties de toi que tu avais laissées derrière. Toi aussi, tu es revenue en ce lieu pour rassembler toutes les pièces de ton *puzzle* intérieur et réhabiliter toutes les facettes de ta puissance alchimique. Tu as la capacité de réveiller les mémoires des lieux que tu visites et de déverrouiller les portes énergétiques qui y sont dissimulées. Les séminaires que tu donnes ne sont qu'un prétexte pour que tu acceptes de voyager et d'accomplir cette mission que tu as choisie bien longtemps avant ta naissance : celle de te souvenir de toutes tes expériences antérieures pour les unifier et faire UN avec ta divinité éternelle…

– Mais je ne “sais” rien de tout cela…

– Ton esprit limité “croit” que tu ne te souviens de rien, mais, en réalité, tout ce que tu ES et tout ce que tu as ÉTÉ est inscrit dans chacune de tes cellules. Il te suffit d’entrer en toi-même pour avoir accès à l’ensemble du bagage “engrammé” dans ton ADN. Il ne s’agit pas de te réfugier dans un cocon duveteux au fond de toi ou de fuir la réalité en t’installant sur un beau nuage doré, mais seulement de fusionner avec l’énergie divine présente dans tout ce qui vit en toi ET autour de toi. Trop de gens, actuellement, se déconnectent d’eux-mêmes en tentant de “s’élever” vers la lumière au lieu de s’appliquer à opérer un réel processus de transmutation alchimique. Celui-ci consiste, au contraire, à faire “descendre” la lumière dans la matière, à transmuter chaque particule d’un objet ou d’un corps physique en pure énergie scintillante.

– Mais comment ? (La petite fille en moi se sentait minuscule, ridicule et tellement ignorante.)

– On te l’a maintes fois répété : tu n’as pas à chercher comment “faire”, mais tu dois plutôt te donner la permission d’“être” et de rayonner, tout simplement. »

Je sens l’énergie de Saint-Germain pénétrer dans chaque pore de ma peau et s’infiltrer dans les moindres recoins de mon métabolisme. D’autres images affluent derrière mes paupières closes : la vue d’un grand voilier rempli de marins costauds au teint basané, celle d’un jeune apprenti découvrant les pouvoirs de guérison des cristaux et des pierres, une autre vie encore où j’étais un chevalier revêtant l’emblème des Templiers et allant combattre l’ennemi de ma foi… Avais-je vraiment été tout cela ?

« Et plus encore, me répondit l’alchimiste. Tes mémoires seront réactivées au fil du temps et des lieux que tu choisiras de parcourir…

– Pourquoi moi ? osai-je demander tandis que le maître disparaissait peu à peu.

– Pourquoi pas ? me répondit-il dans un dernier sourire… »

La Flamme violette scintillait encore partout dans la grotte. Les murs suintaient d'énergie chatoyante. Constamment réactivée en ce lieu par les pèlerins de l'ermitage, elle s'était au fil des années imprégnée dans la pierre, au point où tous ceux qui y étaient sensibles ne pouvaient s'empêcher d'être « électrisés » en pénétrant dans l'oratoire. La copine qui m'accompagnait était elle-même secouée d'incontrôlables frissons, sans pour autant en comprendre la provenance. Lorsque j'ai partagé avec elle en toute simplicité l'expérience fascinante que je venais d'avoir durant mon bref moment de méditation, Julie fut sidérée :

« Dire que j'habite ici, tout près, depuis des années et que je ne connaissais pas ce lieu… ni encore moins cette histoire incroyable de Saint-Germain ayant été l'ermite de Talloires !

– Il n'était pas un saint à l'époque, précisai-je en riant, mais un vieux moine qui cherchait Dieu et qui croyait l'avoir trouvé, comme Abraham avant lui, dans un buisson ardent !

– Qui sait, rétorqua ma copine rigolant à son tour, peut-être que le buisson ardent était en réalité la Flamme violette ?

– On ne sait jamais… »

Nous esclaffant ensemble de cette blague savoureuse, nous avons poursuivi notre visite en nous rendant à la petite chapelle de Talloires. Celle-ci étant pratiquement déserte, il y régnait un silence empreint de sérénité. Derrière nous sont entrées deux dames souriantes dont l'une portait un pendentif coloré, orné d'améthystes sublimes. Moi qui suis habituellement plutôt réservée par rapport à des inconnus, je n'ai pu m'empêcher de la complimenter pour son splendide collier. La dame m'explique alors qu'elle est chanteuse et viendra donner un concert dans l'église en question au cours des prochaines semaines. Son amie nous invite d'ailleurs à la laisser seule quelques instants afin qu'elle puisse s'exercer. Tandis que nous sortons à l'extérieur, une voix soprano d'une grande pureté s'élève dans la chapelle.

L'autre dame, Josiane, continue de converser gaiement avec nous et, reconnaissant mon accent, me demande d'où je viens exactement. Je lui explique que je suis bien québécoise, de passage dans la région pour animer un séminaire sur la quintessence de l'être. Or, je tiens à préciser que ce n'est pas mon genre de raconter ce que je fais comme travail à la première personne venue. Je sais que tout le monde ne perçoit pas la spiritualité de la même façon, alors, pour ne pas froisser les croyances de quiconque, j'ai plutôt tendance à parler de développement personnel que d'énergie et de canalisation psychique. Mais voilà que mes mots ont dépassé ma pensée et se sont infiltrés dans ma bouche à mon insu – sans doute des résidus de ma conversation avec Saint-Germain.

À ma grande surprise, la dame s'est montrée non seulement fort intéressée, mais elle m'a demandé, de but en blanc: «Vous ne seriez pas Bianca Gaïa, par hasard?» Ma mâchoire a décroché. Mon organisatrice elle-même tombait des nues. Quelles sont les chances que je croise une personne qui a déjà entendu parler de moi dans le petit village de Talloires, à des milliers de kilomètres de chez moi, là où je n'avais jamais mis les pieds avant?

Et Josiane a continué: «J'aurais bien aimé m'inscrire à votre atelier "Bienvenue dans la 5e dimension", mais avec mes deux enfants à l'université, je n'en avais pas les moyens!»

Et ma bouche a répondu, à mon corps défendant: «Ça me ferait plaisir que vous soyez là! Vous n'auriez pas une petite chambre de libre pour m'accueillir durant quelques jours? Nous pourrions faire un échange...» Je me suis étonnée moi-même de mon culot! Oser formuler une telle demande dépassait mon entendement! Je devais vraiment m'être déjà un peu métamorphosée en dedans pour me permettre à la fois de sympathiser à ce point avec la première personne venue, mais, surtout, d'oser exprimer mes besoins de la sorte, sans même hésiter.

« Mais j'en serais ravie, répondit Josiane ! Je possède une grande maison et les chambres de mes deux enfants sont disponibles, si cela peut vous accommoder !

– Ça ne vous ennuie pas, vous êtes certaine ?

– Oh non, au contraire ! Je serais très heureuse de faire cet échange avec vous. Cependant, il y a juste un truc : dans deux jours, je reçois un groupe de méditation chez moi pour le Wésak[1]... Mais je vous invite toutes les deux, si vous avez envie de vous joindre à nous ! »

Mon organisatrice explique qu'elle a son propre appartement à Annecy et n'a donc pas besoin d'hébergement, mais qu'elle se fera un plaisir de me reconduire chez Josiane en fin de journée pour que je puisse y dormir et, bien entendu, participer à ladite soirée si le cœur m'en dit.

Pour ma part, je suis ravie, car d'une part, j'allais pouvoir dormir seule dans ma propre chambre et disposer d'un espace tranquille pour me poser, mais j'étais également heureuse de célébrer en groupe le Wésak, cette fête spirituelle où il est dit que l'Orient et l'Occident se rejoignent à travers les énergies lumineuses de Bouddha et du Christ, communiant entre eux dans une belle vibration de paix et de libération intérieure...

1. Dans la tradition bouddhique, le Wésak célèbre les jours bénis de la naissance, de l'éveil et de la mort de Gautama Bouddha. Cette fête religieuse, ayant lieu chaque année durant la « pleine lune du Taureau » au mois de mai, a été reprise par les adeptes du New Age qui en ont fait une célébration de la réconciliation entre les bouddhistes et les chrétiens, basée sur la croyance que les maîtres Bouddha et Jésus descendent ensemble sur terre en ce jour pour apporter leur bénédiction à l'humanité tout entière.

Cette brève rencontre à Talloires a semblé ouvrir plusieurs portes, à l'intérieur comme à l'extérieur de moi, car, dans les jours qui suivirent, plusieurs inscriptions se sont ajoutées pour l'atelier de la fin de semaine. De plus, le soir de la méditation, ma nouvelle amie a pris le temps de me présenter aux personnes présentes, ce qui m'a permis de créer quelques liens supplémentaires. Je ne m'attendais toutefois aucunement à l'expérience hors du commun qui allait se dérouler au cours des heures suivantes...

Pour remettre le tout dans le contexte, comme bien des personnes autour de moi, j'avais lu quelque temps auparavant le livre sur la cité intraterrestre de Telos, située sous le mont Shasta, aux États-Unis. Bien que fascinée par le récit, j'étais très consciente qu'il ne s'agissait que d'un lieu parmi des dizaines d'autres, dont la réputation n'est plus à faire, tels Shamballa ou le mont Bugarach. Aussi, en m'intériorisant pour la méditation, je me suis spontanément visualisée sous une montagne enneigée du Tibet, dans une grande salle réunissant de nombreux maîtres ascensionnés, eux-mêmes en connexion avec Jésus et Bouddha, afin d'émettre des pensées d'Amour et de Paix se transmettant à l'humanité tout entière.

Notre hôtesse venait tout juste d'enclencher un enregistrement audio destiné à accompagner notre démarche méditative lorsque les images dansant derrière mes yeux se sont tout à coup effacées et j'ai senti mon corps être aspiré dans le sol sous mes pieds, comme à travers un long tunnel sombre et très étroit. Ne sachant trop ce qui m'arrivait, j'ai tenté de m'accrocher à la voix enregistrée qui devenait de plus en plus lointaine, au point où, rapidement, je n'entendais plus que les battements du cœur de la Terre, comme si je m'approchais de son noyau et que celui-ci palpitait d'une vie qui lui était propre.

À mon grand étonnement, je me retrouve alors à l'entrée d'une grande salle éclairée par des murs entièrement recouverts de quartz, blanchâtres et luminescents qui, eux aussi, paraissent vivants. Au centre de la pièce se tient un homme mince et élancé, au teint mat, avec une courte barbe et des cheveux très noirs, qui ouvre les bras en signe de salutation. Il est vêtu d'un long caftan violet rehaussé d'un capuchon soigneusement relevé sur sa tête. Un pendentif étincelant est accroché à la longue chaîne dorée qui entoure son cou ; sur celui-ci figure l'emblème de la Fleur de vie et, au milieu, brille un diamant étincelant d'une grosseur et d'une pureté hors du commun. M'accueillant avec un sourire avenant, il s'avance dans ma direction et m'adresse la parole : « Je suis Métador, porte-parole des cités cristallines de Ripaï. Bienvenue en ce lieu saint et empreint d'allégresse ! » **(voir Illustration # 4)**.

J'ai capté ce message sans pourtant qu'il ait entrouvert les lèvres. Communiquant assurément par télépathie, je n'ai pas eu le temps de lui répondre ou de formuler les interrogations qui se bousculaient dans ma tête que, déjà, sa voix douce et sereine s'infiltre à nouveau dans mon esprit :

« Il y a bien longtemps que tu étais attendue, chère enfant de lumière. Tu ne te souviens pas de nous, mais tu as déjà été des nôtres, quelque temps avant ta naissance…

– Je vous connais ? ai-je pensé, étonnée…

– Bien entendu ! Tu n'étais pas sous cette forme dans laquelle tu te trouves aujourd'hui, ni même dans un corps humain à proprement parler, mais ton âme connaît ces lieux et ce qui s'y déroule… Je vais te les faire visiter, si tu le souhaites. Toutefois, auparavant, il importe de synchroniser ton énergie avec celle des vibrations qui nous entourent… »

Joignant le geste à la parole (si l'on peut dire, puisque, encore une fois, aucun mot n'a été échangé), Métador pointe du doigt des tables en pierres vertes, ressemblant à de la malachite, disposées par paires au fond de la pièce, m'invitant à m'y installer. En m'étendant sur l'une d'entre elles, je vois aussitôt mon corps de lumière être entouré d'un tourbillon d'énergie purificatrice, chaque spirale venant décristalliser toutes les polarités subsistant dans les moindres parcelles de mon organisme, comme si j'étais revitalisée et réunifiée de l'intérieur vers l'extérieur. Je n'ai jamais ressenti autant d'énergie « concentrée » circuler dans tout mon être ! Cela a duré de longues minutes, et je me suis sentie encore un peu étourdie une fois que tout s'est arrêté. Une fois relevée, j'ai la tête qui tourne comme si mon cerveau flottait en suspension à l'intérieur de mon crâne. Quelle sensation étrange !

Métador en profite pour m'entraîner ensuite dans un long corridor vitré. Tandis qu'il rétablit notre contact télépathique, je sens le brouillard s'atténuer entre mes deux oreilles, comme si son énergie lumineuse agissait tel un aspirateur sur mon esprit embrumé. Ses paroles résonnent et occupent une fois de plus tout l'espace dans ma tête :

« Ici, sous le lac que vous appelez "Annecy" sont rassemblés des êtres en provenance de tous les coins de l'univers. Ensemble, nous travaillons à purifier les pierres cristallines présentes sous le lac et les montagnes environnantes afin qu'elles émanent toute la puissance énergétique dont elles disposent pour fournir aux vaisseaux interstellaires qui nous visitent le "carburant" dont ils ont besoin, leur permettant de voyager entre les différentes dimensions tout en préservant leur invisibilité et leur anonymat. C'est donc la pureté de tous ces cristaux présents autour de nous qui contribue à filtrer l'eau du lac et à lui conférer cette belle couleur bleu-vert, pratiquement exempte de toute pollution... malgré toutes les créations humaines toxiques qui empoisonnent notre belle planète.

– Mais, osai-je formuler dans mon esprit, comment est-ce possible ?

– Tout est une question de vibration. Par sa nature profonde, chaque être vivant est porteur d'une énergie lumineuse, divine et illimitée. Il lui suffit d'élever ses vibrations et de se consacrer entièrement à "émaner" cette lumière pure et guérisseuse pour que tout ce qui l'entoure soit inondé d'une énergie de transmutation qui, à son tour, se communique au cœur même de Gaïa, contribuant ainsi à favoriser son propre processus ascensionnel... et celui de tous ses habitants.

– Et à quoi servent les cristaux ?

– Chaque pierre est un organisme vivant, au même titre qu'une plante, un animal, un humain ou une simple goutte d'eau. Nos vibrations lumineuses se communiquent à notre environnement comme à tout ce qui s'y trouve et à tout ce qui y vit. L'eau du lac est donc en symbiose avec les cristaux qui, eux, vibrent dans le même éther que les citoyens de Ripaï. Tout est interrelié. Lorsque les humains comprendront cela, tout changera à l'échelle de la planète. Et ce changement s'annonce déjà avec la naissance de toutes ces petites âmes portant en elles la lumière cristalline qui jamais ne s'éteindra... »

Au moment où Métador émet ce message d'espoir, les murs du corridor s'illuminent et deviennent translucides, laissant transparaître de vastes pièces baignant dans une douce lumière tamisée où semblent sommeiller, dans de petits lits minuscules, des centaines de nourrissons emmaillotés, le tout dans un complet silence.

« Comme de nombreux enfants naissant partout sur le globe, ces petites âmes ont choisi de venir sur terre pour "éveiller" la conscience des humains et jouer un rôle particulier dans les grands changements annoncés pour les siècles à venir. Ce sont des enfants "Cristal", les futurs instigateurs de l'âge de Cristal qui s'amorce actuellement sur la planète. Les propriétés du cristal sont de purifier et d'amplifier l'énergie. Les enfants imprégnés de cette puissante énergie libératrice agiront donc tels des catalyseurs, des déclencheurs de changement vibratoire à travers le globe. Avec eux, tous ensemble, nous formons un immense vaisseau de cristal qui favorisera la divine éclosion de tous les êtres vivants sur la planète et qui permettra à celle-ci de s'élever dans les plus hautes sphères, accomplissant ainsi sa destinée ascensionnelle.

– Ce sont eux qui sauveront le monde ?

– Votre monde n'a pas besoin d'être "sauvé". Les bouleversements que vous traversez en ce moment ne sont en réalité que des distorsions de l'espace-temps causées par votre déconnexion du monde invisible. Jusqu'à une certaine époque, les êtres humains vivaient en symbiose avec la nature, veillant à respecter l'équilibre entre les mondes matériels et spirituels. Mais l'avènement de la science et de la technologie vous a éloigné de votre sagesse intérieure naturelle et vous a rendu dépendant de machines pour vous nourrir, communiquer et même prédire la température. Ce faisant, vous vous êtes coupé de votre ressenti et de vos pouvoirs intrinsèques. Or, il n'y a pas de hasard : il faut parfois aller toucher le fond pour mieux remonter à la surface... Cette situation est parfaitement ajustée à vos besoins, car, lorsque tous ces moyens ne seront plus disponibles, les humains n'auront pas d'autre choix que d'entrer en eux-mêmes pour retrouver leur nature profonde et illimitée.

– Est-ce que cela veut dire que le monde tel qu'on le connaît sera détruit ?

– Je ressens la peur dans ton cœur, chère enfant ! Pourtant, tu sais que, dans la vie, il n'y a que deux manières d'apprendre : de gré ou de force ! Plus vous serez nombreux à choisir de vous reconnecter à votre lumière intérieure, plus vous émanerez à votre tour de cette énergie de transmutation disponible partout dans l'univers et plus la transition se fera en douceur, dans la paix et l'harmonie. C'est cette élévation de conscience que les enfants Cristal viennent transmettre par leur présence dans votre réalité tridimensionnelle. Si les parents pouvaient saisir à quel point leurs rejetons sont dotés de propriétés et de facultés extraordinaires, eux-mêmes pourraient être instantanément touchés par la grâce divine et s'illuminer de l'intérieur...

– Mais pourquoi vous ne leur dites pas ? Je veux dire, qu'est-ce qui vous empêche de traverser le voile entre les dimensions pour venir expliquer tout cela à l'humanité tout entière ?

– Laisse-moi utiliser une image toute simple pour te faire comprendre la situation : c'est comme si tu prenais des enfants de maternelle, qui ne savent ni lire ni écrire, et que tu me demandais de leur présenter des formules mathématiques d'une très grande complexité...

– Ce n'est pas compliqué, au contraire ! (Je m'emporte un peu, mon instinct de "défenseur de la veuve et de l'orphelin" prenant le dessus.) Tout est là, en dedans, il suffit que vous nous montriez la voie…

– Tu réagis fortement sur le plan émotionnel parce que toi-même, tu te sens seule et séparée de ta propre nature divine. Mais, au fond de toi, tu sais que TU fais partie de la solution, tout comme ces enfants qui tenteront à leur tour de donner l'exemple, ainsi que l'ont fait d'innombrables maîtres de sagesse avant eux… La seule différence, c'est qu'ils seront de plus en plus nombreux à naître et de moins en moins dociles aux normes en vigueur dans votre réalité. Tout est juste et le moment de l'éveil viendra bien assez vite ! Aie confiance… »

Je suis à la fois irritée et émerveillée. Je ressens jusque dans les cellules la profondeur du message de Métador et l'espoir dont il est empreint, mais, en même temps, l'inquiétude et le doute subsistent dans mon esprit. Et si ce n'était qu'une utopie, que notre monde s'en allait plutôt vers la déchéance et le chaos ?

Mon compagnon doit continuer d'entendre chacune de mes pensées, car il me rétorque « télépathiquement » :

« Tout n'est qu'illusion ! La 3D, les peurs, la destruction, ce n'est que le fruit de vos propres perturbations intérieures… Vous êtes au cœur d'une vaste pièce de théâtre, tout comme les personnages de ces jeux vidéo qui font l'engouement de tant de jeunes de nos jours ! Inconsciemment, ceux-ci vous montrent que rien n'existe en dehors de ce que votre pensée crée. Il te suffit de changer tes pensées pour que ta réalité change et, de ce fait, celle du monde qui t'entoure. Ouvre-toi à l'immensité de la lumière et l'énergie de guérison pénétrera toutes tes cellules pour irradier tout ton être et illuminer ta vie… Mais tu sais déjà tout cela ! Alors, quand oseras-tu passer à l'action ?

– Ça a l'air tellement facile à vous entendre ! (Une certaine tristesse monte en moi.) Parfois, je réussis à me recentrer, mais, bien souvent, mes vieilles habitudes reprennent le dessus et j'oublie qui je suis vraiment…

– C'est parce que tu coupes ton lien privilégié avec les dimensions supérieures. La partie humaine en toi est accoutumée à souffrir et à se sentir limitée. Tu n'as qu'à rétablir le contact avec nous, les frères et sœurs de ta famille d'âmes, pour que cette énergie divine, qui est la nôtre – et la tienne –, reprenne toute sa place à l'intérieur de toi. Tu es protégée, guidée, aimée par tant d'êtres lumineux... »

Au moment où les paroles de Métador trouvent leur chemin dans ma conscience, le couloir que nous traversons s'ouvre sur une caverne aux dimensions prodigieuses, contenant rien de moins qu'une ville entière bourdonnant d'activités. Des milliers de maisons en forme de sphères translucides s'empilent les unes sur les autres. Elles n'ont ni porte ni fenêtre, mais chaque fois qu'une personne se présente près d'un bâtiment circulaire, elle semble se retrouver aspirée vers l'intérieur, passant au travers des parois comme si celles-ci étaient gélatineuses et spongieuses ! Les entités lumineuses elles-mêmes circulent en flottant au-dessus du sol tels des spectres diaphanes pourtant tangibles et bien vivants. La plupart semblent humanoïdes, mais certains ont des traits étranges et leur peau irradie de reflets rougeâtres, jaunâtres ou argentés...

Je voudrais m'approcher d'eux, communiquer avec eux, mais c'est comme si j'étais moi-même transparente. Personne ne semble me voir. Même la présence de Métador s'estompe peu à peu à mes côtés et je réalise que je n'arrive plus à concentrer mon attention sur ce qui se passe autour de moi. Mon corps physique m'appelle et, malgré mes efforts pour résister à sa force d'attraction, je ne peux m'empêcher de me sentir aspirée hors de ce lieu enchanteur pour revenir m'incarner dans ma bonne vieille carcasse tridimensionnelle, avec toutes ses limites et ses fragilités terrestres...

En fait, je me suis sentie revenir dans mon corps au moment précis où les gens qui m'entouraient dans le salon de mon amie Josiane se sont mis à bouger et à émerger de leur propre méditation. L'enregistrement semblait être terminé depuis un certain temps déjà, puisque les lampes avaient été rallumées et que certaines personnes s'étaient même levées de leur fauteuil pour se dégourdir les jambes.

Encore légèrement abasourdie par toutes les images et les infos reçues, je suis demeurée silencieuse tandis que commençait un tour de cercle où chacun exprimait son ressenti durant la visualisation consacrée au Wésak. Cela m'a pris un bon moment pour réaliser ce qui venait de se passer, mais aussi pour me déculpabiliser de ne pas avoir « suivi le mouvement » en demeurant connectée à l'activité prévue pour la soirée... Encore une fois, la petite fille rebelle en moi n'avait pas fait ce que l'on attendait d'elle, aussi, je n'osai pas exprimer à haute voix ce que je venais de vivre, de peur de m'attirer les foudres ou les reproches de ma nouvelle copine et de ses amis.

Je devais paraître un tantinet blême et confuse, car lorsque je me suis levée pour me diriger vers les toilettes, Josiane s'est aussitôt approchée de moi pour me demander si tout allait bien. Je me suis penchée vers elle pour lui murmurer à l'oreille que je venais d'être transportée dans un autre monde et que j'en étais toute chamboulée, car je ne m'y attendais pas du tout. Celle-ci s'est écriée : « Mais, c'est merveilleux ! Tu dois absolument nous raconter tout cela ! » Se retournant vers les membres du groupe et attirant leur attention sur nous, elle les incita à se taire afin que je partage avec eux la surprenante aventure que je venais de vivre.

Ne sachant pas trop si mes propos seraient bien accueillis ou si, au contraire, tous les gens autour (sauf moi) étaient au courant de la présence d'une telle cité sous le lac, je me suis contentée de résumer très brièvement ma rencontre avec Métador. Les réactions n'ont pas tardé à fuser de toutes parts ! Certaines personnes affirmaient avoir déjà rêvé à des grottes souterraines remplies de cristaux, d'autres ont raconté avoir aperçu des vaisseaux lumineux la nuit dans le ciel ; une personne, enfin, m'a même précisé qu'un château situé non loin dans la région portait le nom de « Ripaille » et qu'on y faisait un vin du même nom, bien connu et fort apprécié en France…

Quel soulagement de me rendre compte que presque tout le monde présent dans la pièce accueillait mon récit avec bienveillance et enthousiasme ! Plusieurs ont exprimé à quel point mes paroles résonnaient en eux et donnaient du sens à des impressions diffuses ressenties depuis des années en ces lieux.

Au moment d'aller dormir, je me sens empreinte d'un dynamisme et d'un enthousiasme renouvelé : « Si le lac d'Annecy a des propriétés revitalisantes pour l'âme et le corps, ne serait-ce pas merveilleux d'y installer un centre de ressourcement pour les familles ? Les enfants Cristal pourraient y emmener leurs parents afin qu'au contact de l'eau, ils puissent s'éveiller à leur tour et retrouver leur vraie nature lumineuse… » Étant moi-même émerveillée par ce lieu magique, je me voyais déjà acheter une grande maison de campagne et y déménager toute ma famille afin d'accueillir ensuite des gens de partout sur terre ! Ma personnalité de Bélier, fonceuse et ambitieuse, s'imaginait avoir été « choisie » pour ouvrir cette porte entre les mondes et se sentait prête à endosser en toute légitimité le rôle de « gardienne du lac »…

C'est à ce moment que Gaïa s'est interposée entre mes pensées et mes rêves délirants :

« Dis-moi, quelle est la partie de toi qui s'enflamme en ce moment ? Ton âme ou ton ego ?

– Euh…

– Je t'invite à te souvenir du message reçu par Saint-Germain il y a de cela à peine quelques jours : tu n'es pas la gardienne de ce lieu, mais seulement la messagère, l'"ouvreuse de porte"… Ton périple et ta mission sur la planète ne font que débuter !

– Mais, je pourrais m'installer ici quelques années ou même juste quelques mois, le temps de mettre en place un groupe pour prendre la relève et diffuser le message de Métador, non ?

– D'autres viendront. Les habitants de la région sont les réels gardiens terrestres de cet espace sacré. Contente-toi de transmettre l'information et d'élever les vibrations des personnes que tu rencontres et, ainsi, chacun s'éveillera à sa propre mission et deviendra à son tour soit un porte-parole des cités cristallines, soit un ambassadeur divin dans son champ de compétence particulier…

– Mais, c'est tellement beau, ici ! J'aurais tellement aimé y vivre !

– La planète regorge de lieux aussi fabuleux. Le voyage ne fait que débuter. Pour le moment, nous te suggérons de proposer aux membres du groupe de Josiane de se retrouver à nouveau, d'ici à ce que tu repartes, pour que tu puisses leur proposer de visiter Ripaï en ta compagnie. Métador vous guidera.

– Et si je n'y arrive pas ? Je veux dire, pour moi, c'est facile de me projeter dans l'astral, mais si les gens ne l'ont jamais fait, ça risque d'être compliqué…

– Ne t'inquiète pas pour ça, chacun recevra ce qu'il est prêt à accueillir. Certains suivront ta voix et seront automatiquement transportés sous le lac. D'autres se contenteront de visualiser le tout à distance ou de vibrer dans l'énergie du lieu sans pour autant avoir des images… Ce n'est pas important ! L'essentiel demeure pour toi d'élever tes vibrations pour que les autres puissent ensuite faire de même ; tes frères et sœurs de lumière feront le reste. »

Je m'endors épuisée, excitée et déçue tout à la fois. Je suis épatée de tout ce que j'ai vécu ces derniers jours, mais en même temps, j'ai l'impression de ne faire « qu'effleurer » le mystère qui imprègne cette région exceptionnelle. Une partie de moi voudrait bien y rester plus longtemps tout en étant consciente qu'il me serait impossible de demeurer loin de mon mari et de mes enfants pendant une longue période. Quant à la possibilité d'entraîner toute ma famille hors du Canada alors que chacun a ses activités, ses amis, bref sa vie à vivre, je me rends compte que ce serait en effet bien égoïste de ma part.

Je me rappelle avoir rêvé durant la nuit de Métador et de sa compagne, Éryhannah, une belle jeune femme aux cheveux et à la peau dorés comme le soleil. Ainsi, je ne fus guère surprise de la rencontrer, quelques jours plus tard, lorsque le groupe de méditation s'est à nouveau réuni, en compagnie de plusieurs autres personnes intéressées à en apprendre davantage sur les cités cristallines.

Une chose est certaine, la promesse de Gaïa s'est bel et bien réalisée, car la grande majorité des gens présents se sont véritablement sentis transportés sous le lac et pouvaient pratiquement entendre en même temps que moi les messages télépathiques des êtres de Ripaï. Un enregistrement de cette soirée a d'ailleurs été réalisé et il est possible de l'écouter directement sur mon site au www.biancagaia.com/Fichiers/ripai.mp3.

Mon séjour à Annecy a marqué ma mémoire pour le reste de mon existence et, si j'ai eu le bonheur d'y séjourner plusieurs fois depuis, la magie du contact avec les habitants de Ripaï demeure pour moi un fantastique cadeau que je renouvelle avec plaisir chaque fois que j'en ai l'occasion, sur place comme à distance.

Chapitre HUIT

Noirceur ou absence de lumière?

Si mes expériences de contact avec le monde invisible sont pour moi une source d'enrichissement perpétuel, il m'est néanmoins arrivé quelques fois de ressentir de la peur, voire de grandes perturbations intérieures par rapport à des lieux dont l'énergie « lourde » ou « sombre » m'apparaissait comme négative. Comme tout le monde, j'ai longtemps craint la noirceur et le bas astral. Or, c'était avant d'avoir compris que « l'extérieur n'est que le reflet de l'intérieur »...

Ainsi, la première fois que je suis allée en Belgique, je ne connaissais pas du tout les personnes qui m'invitaient à animer mon stage « Bienvenue dans la 5e dimension », car c'est un ami suisse qui leur avait parlé de moi. Celui-ci devait d'ailleurs participer à l'activité en question, mais il est tombé malade à la dernière minute, ce qui a fait que nous nous sommes retrouvées seulement entre femmes, aucun autre homme ne s'étant inscrit à la formation.

Les deux dames qui avaient accepté de coordonner mon séjour à la suite de la recommandation de leur ami n'avaient jamais organisé de stage auparavant. Elles ont donc cherché dans leur région un lieu pouvant accueillir et héberger un groupe sur place, les inscriptions provenant des quatre coins de la Belgique, voire du nord de la France. En cherchant sur Internet, elles sont tombées sur un magnifique domaine constitué d'un ancien château et de nombreux bâtiments de ferme, le tout réaménagé en auberge champêtre, avec de belles grandes salles de conférences, ainsi que plusieurs chambres et un grand dortoir. Un site en apparence enchanteur.

Toutefois, à notre arrivée, si la vaste propriété entourée d'arbres centenaires nous semble magnifique, dès que nous pénétrons à l'intérieur, les participantes au stage ne peuvent s'empêcher de trouver les lieux quelque peu lugubres. Avec ses longs corridors obscurs, ses escaliers qui craquent, ses plafonds surélevés, des blasons antiques recouvrant les murs parmi d'anciens portraits de personnages austères au regard intimidant, nous avons l'impression de nous retrouver dans le décor typique d'un film d'horreur !

La propriétaire s'empresse de nous faire visiter les chambres, mais, mis à part une dame, Molly, qui affirme ne pas dormir beaucoup la nuit et ne pas vouloir déranger les autres, toutes les participantes préfèrent d'emblée se regrouper dans le grand dortoir pour, avouent-elles, se sentir davantage en sécurité… ce qui me fait bien rire ! Quant à moi, j'opte pour une chambre majestueuse juchée dans le haut d'une immense tour de guet. Depuis que je suis toute petite, comme beaucoup de fillettes fantasmant de devenir une princesse de conte de fées, je rêvais de devoir gravir un grand escalier en colimaçon pour aller m'étendre dans un grand lit à baldaquin au sommet d'une tourelle.

Chacune de nous s'installe dans son appartement respectif. Ensuite, nous nous retrouvons pour le début du stage. Durant la soirée, il nous arrive d'entendre toutes sortes de bruits bizarres : le vent sifflant au-dehors malgré le fait qu'une simple brise semble agiter les branches des arbres, des portes qui claquent et des coups dans les murs alors que nous sommes seules dans le bâtiment qui nous a été attribué pour la tenue de nos activités, *et cetera*. Si certaines sursautent parfois de surprise, nous n'en tenons guère compte en définitive, toute notre attention étant concentrée sur nos activités de groupe.

Ce n'est donc qu'au moment où les participantes montent ensemble pour aller dormir que toute la charge électrique du lieu se fait pleinement ressentir. Plongé dans les ténèbres, le dortoir est rempli d'ombres menaçantes que même les ampoules du plafond et les lampes de chevet ne parviennent à atténuer. Surmontant son angoisse montante, l'une des plus jeunes participantes s'approche de la rangée de casiers où elle a rangé ses affaires, tentant d'ouvrir la porte de celui qui lui a été attribué. Malheureusement, les vieux casiers en bois sont fixés conjointement au mur par de vieilles armatures usées et la porte semble coincée, car elle résiste malgré les efforts soutenus de la jeune femme qui déploie pourtant toute la force dont elle est capable. Soudainement, sans crier gare, toutes les portes des casiers se détachent en même temps de leur socle et tombent avec fracas sur le sol !

La fille pousse un cri d'effroi en se jetant en arrière et évite ainsi de justesse de se retrouver ensevelie sous les lourdes planches de bois. Ses compagnes s'empressent de l'aider à se relever tout en se demandant ce qui a bien pu se passer puisque les casiers semblaient solidement arrimés entre eux lorsqu'elles ont pénétré dans la pièce. Bien entendu, quelques-unes des participantes tremblent de peur et, cet événement ajouté au vacarme entendu durant la soirée et à l'atmosphère sinistre de l'endroit, plusieurs ont beaucoup de peine à s'endormir paisiblement…

De mon côté, me dirigeant vers ma tourelle, je ne sais rien de l'épisode du dortoir. J'ai juste hâte d'aller me reposer. Lorsque j'entre dans la pièce, mon regard se porte vers le plafond situé dix mètres plus haut et je « vois » des dizaines de corps pendant dans le vide, suspendus au bout d'une corde, le cou brisé, le teint verdâtre et les yeux révulsés… Ils n'y étaient pas lorsque j'avais visité la tour durant la journée, mais maintenant que la nuit était tombée, je ne pouvais détourner mon regard de ces formes inertes et sans vie. Habituée à côtoyer les morts, je me rappelle m'être seulement dit à l'intérieur de moi-même: « Ouf ! Je n'arriverai jamais à tous les faire passer dans l'au-delà afin de pouvoir dormir en paix : ils sont beaucoup trop nombreux ! »

Je sors alors de ma chambre et pars à la recherche de Molly, l'unique participante qui loge dans une chambre seule. Frappant à sa porte, je lui demande si elle peut venir me donner un coup de main.

« Euh, il se passe quelque chose dans ma chambre... Tu veux bien venir m'aider ?

– Qu'est-ce qui se passe ? me demande-t-elle.

– Ce serait trop long à te raconter : il vaut mieux que tu viennes voir par toi-même. »

Sans hésiter, la dame, vêtue de son pyjama rose, emboîte le pas et pénètre à ma suite dans la tourelle. Arrivée au pied de l'escalier, elle a la même vision que moi et, fort heureusement, n'éprouve aucune crainte quant à ces âmes tourmentées. Elle s'empresse plutôt de me proposer de nous intérioriser toutes les deux afin de communiquer avec ces nombreux spectres désemparés et errant probablement depuis plusieurs décennies entre les mondes. Molly semble très habituée à ce genre de présences, car elle me dit, en se tournant vers moi juste avant de fermer les yeux : « Tu vas voir, ça ira tout seul ! »

Je suis un peu sceptique, devant affronter pour la première fois un tel phénomène, mais je prends mon courage à deux mains et me joins à elle pour entamer un processus de recueillement et d'invocations spirituelles.

Ma compagne se met à discuter à haute voix avec les âmes présentes tout en affichant un calme incroyable. Elle m'invite à me joindre à elle pour créer quelque chose ressemblant à un vortex – un tourbillon de lumière s'élevant vers le ciel – afin de les faire passer dans l'autre monde. Au total, nous avons bien dû mettre une bonne demi-heure à « faire le ménage », incitant ces êtres souffrants à se libérer du passé et à chercher le réconfort auprès des entités angéliques qui s'approchaient de nous pour les accueillir. Je suis subjuguée, fascinée. Les pendus semblent reprendre vie : leurs corps se détachent des cordes attachées au plafond et leur énergie devient de plus en plus lumineuse et translucide. Un à un, ils ont tous fini par entrer dans la colonne de lumière et s'élever jusqu'à disparaître sous nos yeux.

Alors que Molly s'apprête à retourner dans sa chambre, je la remercie avec effusion. Il est tard et celle-ci semble fatiguée, mais rayonnante. Je lui témoigne toute ma reconnaissance et ne peux m'empêcher d'admirer son flegme imperturbable tandis que je verrouille la porte et me prépare enfin à me mettre au lit. Une fois que j'ai revêtu mon pyjama et brossé mes dents, je grimpe doucement l'escalier de bois, appréciant la paix retrouvée et le silence de la nuit. Je m'installe bien à l'aise dans le lit colossal, éteins la lampe de chevet et ferme les yeux dans l'espoir de trouver rapidement le sommeil.

À peine quelques secondes plus tard, j'entends la porte s'ouvrir dans un grand coup de vent et se refermer aussi sec. Je me relève en vitesse et, le temps de redescendre l'escalier, constate que la porte est de nouveau grande ouverte. Je referme précautionneusement le lourd battant de bois et tourne deux fois la vieille clé rouillée dans la serrure, m'assurant cette fois qu'elle est bien verrouillée. Je n'ai même pas le temps de marcher jusqu'à l'escalier que la porte se rouvre et claque encore une fois. M'adressant à haute voix aux présences invisibles qui semblent s'amuser à me jouer des tours, je ne peux m'empêcher d'aboyer: « Bon, là, j'en ai marre ! Voulez-vous bien me laisser tranquille ! J'ai un stage à animer demain et je voudrais juste dormir ! » Décidant de laisser la porte ouverte pour de bon, je hausse les épaules et remonte me coucher.

Épuisée, je tente tant bien que mal de me relaxer afin de m'endormir. Je prends de longues respirations profondes pour évacuer le trop-plein d'émotions et faire le vide dans mon esprit. Au même moment, j'entends le battement d'ailes d'un insecte volant au-dessus de ma tête. Je rallume pour apercevoir une guêpe d'une taille considérable se poser au mur de ma chambre. J'avoue que je n'en ai jamais vu une aussi grosse chez nous, au Québec, et que je ne sais pas trop si je dois ouvrir la fenêtre pour la faire sortir… au risque de me faire piquer. Une chose est certaine, je n'arriverai jamais à dormir en présence d'un tel frelon. Au travers de mes questionnements intérieurs, j'entends un rire sournois s'immiscer dans mes pensées : un plaisantin s'amuse à me tourmenter et je n'ai guère de ressources pour me soustraire à ses petits jeux malsains.

Prenant conscience que, durant des années, j'ai eu peur des abeilles, je réalise que « quelqu'un » s'applique à me faire réagir, et même à rechercher dans mon imaginaire quelque chose qui puisse me faire peur ou m'inciter à quitter les lieux. Je savais que les maisons hantées existaient, mais c'était la première fois que je devais affronter une telle présence hostile. Pas question pour moi de nourrir mes craintes : je me rappelle à l'ordre en me disant que je ne fais rien de mal, au contraire, puisque je suis ici pour partager ma lumière et accompagner les gens dans la pleine reconnaissance de leur valeur intrinsèque… Pourquoi ne pourrais-je faire de même avec cette entité qui continue de ricaner, mais se dérobe toujours à mon regard ?

Je me relève encore une fois et décide de me rendre à la réception du manoir pour demander au gardien de me donner un journal afin de me débarrasser du frelon. Le type empoigne un magazine et me propose de venir se rendre compte par lui-même de l'état des choses. Apercevant dans la tour, au haut de l'escalier, la guêpe mesurant pratiquement quatre bons centimètres, il me dit : « Houla ! C'est vraiment bizarre ! Nous sommes en novembre et je n'ai jamais vu un insecte pareil, surtout à cette période de l'année. » D'un coup sec, il tue le frelon et le ramasse pour l'examiner de plus près. Je lis l'étonnement subsistant dans ses yeux tandis que je le remercie et qu'il prend congé. Il referme la porte doucement en sortant… et, bien entendu, celle-ci s'ouvre aussitôt et claque de nouveau !

Je m'assois sur la première marche de l'escalier, pousse un long soupir et invoque mes frères et sœurs célestes afin qu'ils interviennent auprès de l'entité hostile. Celle-ci ne semble pas vouloir passer dans la lumière, ce que je peux respecter, comprenant que c'est moi qui suis sur son territoire et non le contraire, mais je n'ai pas envie de jouer au chat et à la souris toute la nuit. Je m'adresse donc à cette présence anonyme avec douceur: «Bon, c'est assez, vous avez gagné. Je suis venue en paix. Je vous demande pardon, je ne voulais pas vous déranger. C'est promis, je ne vais plus chasser personne et je vais tenter de me faire toute petite. Je m'excuse d'avoir fait partir vos amis, je voulais simplement dormir. S'il vous plaît, je vous en prie, laissez-moi dormir!» J'entends: «Haaaaa...» Puis, plus rien. L'espace lourd et chargé d'électricité est redevenu calme et serein. Je remercie «qui de droit» et remonte au lit, m'endormant dans les minutes qui ont suivi.

Pendant ce temps, dans le dortoir, la plupart des participantes n'arrivent pas, elles non plus, à fermer l'œil. Elles entendent des grattements dans les murs et des pas au grenier. Elles tentent de se rassurer en se disant que ce sont sans doute des rats ou des écureuils dans le grenier, mais les bruits ressemblent de plus en plus à des chaînes qui traînent par terre, comme si des fantômes se plaisaient à jouer les scénarios dignes des meilleurs films d'épouvante. La plupart des filles n'ont pas sommeillé de la nuit alors que moi, j'ai dormi comme un bébé.

Le lendemain matin, au petit-déjeuner, toutes s'évertuent à me raconter leur nuit d'enfer et toutes les frayeurs éprouvées. Elles ont de la difficulté à se recentrer et à faire abstraction de la peur qui les tenaille. Nous reprenons l'atelier, mais plus le temps passe, plus nous sentons que l'atmosphère s'alourdit et s'obscurcit. Il fait très chaud dans la pièce et ça devient de plus en plus difficile pour certaines qui angoissent et qui ont l'impression d'étouffer. Avant la pause de midi, je leur propose d'aller nous promener dehors pour nous aérer l'esprit. Les chauds rayons du soleil ont tôt fait de nous réchauffer le cœur et de chasser nos idées noires.

Hors de l'enceinte du manoir, à une centaine de mètres du domaine, nous apercevons un arbre immense, un chêne sans doute de plus de cinq cents ans. Même à quatre ou cinq, nous n'arrivons pas à en faire le tour tellement il est gros. Il a dû être frappé par la foudre récemment, car la moitié de l'arbre est brûlée et plusieurs branches sont calcinées. Je propose au groupe de nous intérioriser pour converser avec l'arbre et accueillir sa puissante force vitale, celle qui lui a permis de non seulement braver le temps et de surmonter les intempéries, mais de survivre à la pire des électrocutions. Cet arbre s'avère une source d'inspiration pour nous toutes dans le contexte actuel : il nous invite à plonger au plus profond de nous-mêmes pour nous enraciner, nous ancrer en nous-mêmes et puiser dans la Terre mère la force, le courage dont nous avons besoin pour retrouver notre propre solidité intérieure.

Tour à tour, chacune enlace la partie vivante et frémissante de cet être magnifique. Puis, nous faisons un cercle autour du tronc et joignons nos mains pour célébrer ensemble la vie qui coule dans ses veines. Au bout d'un moment, des images émergent dans ma conscience. Je me rends compte que, quelque part parmi les racines du chêne, se trouve une porte camouflée dans le sol et recouverte de terre. Derrière la porte, un passage souterrain semble mener droit vers le château. Il s'agit sans doute d'une issue secrète datant du Moyen Âge. Pour le plaisir, je convie les membres du groupe à visualiser avec moi que nous pénétrons dans le passage secret afin de voir où il nous conduit.

Des images d'un autre temps défilent devant mes yeux : des hommes en armures portant des coffres remplis de livres déambulent dans l'étroit passage et disparaissent au tournant d'un couloir. Plusieurs embranchements s'ouvrent devant nous, mais nous ne parvenons pas à avancer de plus de quelques pas. Chaque galerie mène à un cul-de-sac. Nous nous doutons bien que les murs cachent d'autres portes, mais celles-ci demeurent invisibles et sont probablement verrouillées. En nous intériorisant, nous invoquons notre puissance divine en affirmant toutes en chœur : « Nous sommes des filles de lumière, nous ne voulons pas de mal à ce lieu, s'il vous plaît, laissez-nous entrer… »

Rien à faire, les murs restent opaques. Nous ressentons une résistance à notre énergie, comme si le lieu lui-même repoussait notre lumière. Un vent froid s'est levé autour de nous, alors qu'il faisait plutôt doux à l'extérieur jusqu'à maintenant. Des entrailles de la Terre, des présences inamicales ont émergé, nous bloquant définitivement le passage et nous repoussant hors du souterrain.

Cette fois, les participantes réagissent vivement: «Il y a vraiment un problème avec ce château! Il y a trop de noirceur, trop de souffrance qui emprisonne les âmes en ces lieux. Nous devons faire quelque chose!» S'adressant directement à moi, Molly, la dame qui m'avait aidée la veille à faire «transiter» les âmes des pendus insiste: «Ce lieu est véritablement hanté. Tu devrais en parler à la propriétaire, celle-ci doit être mise au courant...»

L'occasion s'est présentée quelques instants plus tard, au moment du repas de midi. Il y a un proverbe qui dit que lorsque nous prenons une décision qui est bonne pour notre évolution, l'univers conspire à sa concrétisation rapide. Nous en avions une preuve réelle sous nos yeux puisque, ayant accepté de discuter de nos ressentis au sujet du lieu avec sa propriétaire, celle-ci est venue d'elle-même solliciter une rencontre. Notre hôtesse s'est approchée de moi et m'a murmuré à l'oreille: «Si jamais vous avez un peu de temps pour moi, j'aimerais bien vous parler en tête-à-tête...»

Je fus ravie de lui répondre aussitôt: «Ça tombe bien, car j'ai moi aussi quelque chose d'important à vous dire!»

Les participantes assises à ma table échangent des regards complices et, pendant que nous terminons les mets délicieux préparés par la cuisinière, nous tentons d'aborder des sujets plus légers. Le reste de la journée s'est déroulé dans la facilité et l'humour, sans lourdeur ni présences indésirables.

Une fois l'après-midi de stage terminé, je profite d'un moment de temps libre avant le repas du soir pour m'offrir une bonne douche, chaude et relaxante. Cependant, il semble y avoir un problème avec la porte de la salle de bain à l'intérieur de la tourelle. Je ne parviens pas à l'ouvrir: celle-ci semble verrouillée de l'intérieur. L'esprit frappeur est de retour! Tant pis, je décide d'aller utiliser les douches communes situées tout au bout du corridor menant aux chambres individuelles. La salle de bain tout en longueur est plongée dans la pénombre malgré les néons suspendus qui grésillent par intermittence…

Ça me fait encore une fois penser à une scène de film d'horreur : j'ai l'impression que chaque pas me pèse. Plus j'avance, plus la douche semble s'éloigner et plus l'air ambiant devient froid. Alors que je n'ai pas encore touché aux manettes permettant de faire jaillir l'eau courante, je ressens une vague d'humidité qui vient m'entourer, comme si les murs eux-mêmes suintaient. Une brume glaciale me transperce de part en part, pénétrant jusque dans mes os. Une colère sourde monte soudain en moi et je m'écrie : « Là, ça suffit ! Vous me foutez la paix, j'ai une douche à prendre ! »

Comme la veille au soir, tout s'arrête d'un coup ! Les néons cessent de clignoter, la vapeur se disperse et la température remonte comme si de rien n'était. Je peux enfin me laver en paix, sachant toutefois que les gardiens du lieu continuent de m'observer dans l'ombre.

Après le repas, comme convenu, la propriétaire m'entraîne à l'autre bout de la maison pour une conversation seule à seule. Elle m'emmène précisément à l'endroit où, lors de notre première visite, j'avais ressenti le plus de ténèbres. La dame m'avait précisé que je pourrais utiliser cette pièce pour faire des consultations individuelles au besoin, mais je m'étais justement dit : « En tout cas, pas question pour moi de passer du temps seule dans ce petit boudoir fleuri, charmant, mais ô combien sinistre ! »

Sentant de nouveau la chair de poule grimper le long de mon dos, j'ai demandé à la dame si nous pouvions nous installer ailleurs. Celle-ci m'a répondu joyeusement : « Non, non, vous verrez, c'est très confortable. Ici, nous serons à l'écart, personne ne nous entendra. » J'insiste : « Vous savez, c'est quand même très lourd ici, je ne suis pas certaine que ça sera profitable, propice… » Elle me rétorque du tac au tac : « Ne vous inquiétez pas ! Lorsque nous avons emménagé, il y avait accroché aux murs du bâtiment principal des armes très anciennes : des épées, des haches et des javelots. Chaque fois que des gens de l'extérieur venaient pour des activités ou des séminaires, ces vieux machins leur tombaient dessus. Heureusement, tout ce qui était dangereux a été retiré, alors il n'y a plus aucun souci à se faire ! » J'avoue que je n'étais pas très rassurée par ses propos, mais comme celle-ci y tenait vraiment, nous avons malgré tout établi temporairement nos quartiers dans le salon en question.

Une fois assises sur de confortables fauteuils en brocart, nous nous apprêtons à commencer à discuter tandis que des « effets spéciaux » hallucinants se mettent de nouveau en place autour de moi : les ampoules se mettent à clignoter, une brise glaciale s'engouffre dans la pièce et même les murs se mettent à bouger, à se déplacer, la pièce tout entière semblant se rétrécir sur elle-même. Je me dis en moi-même : « Je ne peux pas croire que la dame ne voit rien de tout ça ! »

Prenant la parole, je lui dis : « Madame, est-ce que vous savez que votre château est… » J'allais ajouter *hanté*, mais le mot bloque dans ma gorge. Je manque de m'étouffer, puis je reprends mon souffle et je prononce plutôt, à ma grande surprise, le mot *sacré*. Du coup, instantanément, l'atmosphère change du tout au tout : la lumière entre dans la pièce et les murs s'illuminent pour devenir aussi jaunes que des rayons de soleil. La chaleur revient et je cesse de frissonner.

Hébétée, je me tourne vers la propriétaire du lieu et lui demande : « Mais, qu'est-ce que je viens de dire ? »

Et la dame me répond : « Vous venez de me dire que mon château est *sacré*. »

À ce moment précis, les portes multidimensionnelles se sont ouvertes et tout ce qui se trouvait dissimulé dans le château s'est révélé en un clin d'œil. J'ai reçu une vision très nette de ce qui s'y était passé des siècles auparavant : des chevaliers en fuite étaient venus se réfugier en ces lieux et avaient caché des piles de manuscrits « compromettants » quelque part dans l'un des souterrains pour les dérober à la vue de leurs ennemis. Lorsqu'ils sont repartis, certains d'entre eux ont accepté de rester derrière afin de jouer le rôle de « gardiens », s'engageant sur leur vie à protéger ces trésors d'une valeur inestimable. Or, à leur décès, ces vigiles ont voulu continuer d'honorer leur promesse en restant indéfiniment à l'intérieur des murs et en installant un dôme de protection autour de la propriété. Le temps n'ayant plus de prise sur eux, ils ont poursuivi leur tour de garde, réagissant avec vigueur chaque fois qu'un intrus pénétrait à l'intérieur de l'enceinte du château.

Pire encore, lorsque des personnes comme moi, travaillant dans la lumière, venaient y donner des formations, les entités chevaleresques s'évertuaient à leur faire peur pour les chasser avant que l'énergie n'élève les vibrations du lieu et n'attire l'attention de « l'ennemi » sur les secrets qui s'y trouvaient encore...

Lorsque je raconte toute l'histoire à la dame, celle-ci me confie que je viens de lui confirmer une intuition qu'elle nourrit depuis longtemps. En discutant plus longuement avec elle et en me connectant à la *Bible des Âmes*, j'ai réalisé qu'elle et les membres de sa famille faisaient partie de ceux qui, jadis, furent pendus au plafond de la tourelle, car, du vivant des chevaliers, ils avaient essayé de piller le château à la recherche d'un trésor en pièces sonnantes et trébuchantes... En vain, bien entendu, puisque les seules richesses contenues en ces murs se résumaient à de vieux bouquins qui, une fois les chevaliers disparus, n'avaient plus aucun sens aujourd'hui, sauf pour les historiens et les antiquaires.

N'empêche que les spectres qui hantent le domaine, eux, prennent leur « devoir » toujours très à cœur, s'appliquant à « tourmenter » toute âme vivante pouvant compromettre leurs secrets. Je partage ce ressenti avec la propriétaire qui me répond :

« C'est drôle que vous me disiez ça, car ça fait plusieurs fois qu'on fait venir des gens pour tenter de comprendre ce qui se passe au manoir et, toutes les fois, les gens tombent malades avant de venir ou une fois arrivés sur place. Tous les membres de ma famille ont été éprouvés par les phénomènes bizarres qui s'accumulent au fil des ans. Je n'en peux plus de ressentir l'hostilité des présences invisibles. C'est pourquoi, il y a de cela quelques mois, j'ai demandé "là-haut" qu'on m'envoie quelqu'un qui puisse m'expliquer comment il se fait que nous ne parvenons pas, malgré tous nos efforts, à "libérer" le lieu. Dernièrement, quand vos organisatrices sont venues pour louer la salle pour le stage, j'ai senti que mes prières avaient été entendues et que la dame qui allait venir du Canada me donnerait enfin les explications que j'attends depuis mon arrivée ici.

– Je crois que la raison pour laquelle ces âmes des chevaliers qui errent dans vos murs ont accepté de me livrer leur secret se résume tout simplement au fait que je n'ai aucun intérêt particulier dans ce qui se passe chez vous. La plupart des gens que vous avez consultés, surtout s'ils sont les descendants des natifs de votre région, ont été interpellés par l'énergie "occulte" qui entoure le domaine. Ils se sont sans doute connectés à la vibration de "trésor" et leur avidité, aussi subtile soit-elle, a déclenché un processus de fermeture de la part des gardiens, toujours *en mode* défensif.

– Il est vrai que, s'il existe un trésor, que ce soit des livres ou autres, nous aimerions bien le trouver…

– C'est pour cette raison que les entités réagissent lorsque vous faites appel à quelqu'un : elles se sont donné pour mission de protéger leur butin à tout prix ! Pour ma part, depuis mon arrivée, j'informe les gardiens du lieu que je ne cherche pas à "dérober" ni même à "révéler" quoi que ce soit. Je suis seulement venue ici pour donner un atelier. J'ai cru qu'il était important de vous informer que votre château est "hanté" par des présences hostiles à toute forme de changement… Elles ne sont pas malveillantes : elles font juste continuer de jouer le rôle qu'elles se sont donné de leur vivant, soit protéger leurs secrets jusqu'à la fin des temps ! Maintenant, si un jour vous trouvez les manuscrits en question, certainement que ces âmes chevaleresques partiront, mais en attendant, il vaudrait sans doute mieux ne pas trop accueillir de groupes nouvel âge ou autre, sous peine de raviver la colère des vigiles qui tiennent à garder ce lieu le plus discret possible… »

Je lui ai suggéré de transformer ce magnifique domaine en résidence pour personnes âgées ou en foyer pour enfants handicapés ou en difficulté, bref, en quelque chose de plus neutre sur le plan vibratoire, mais quand même lucratif pour elle. Cela équivalait pour la propriétaire à devoir revoir entièrement son plan d'affaires et la mission de son entreprise – alors qu'elle avait investi des sommes importantes pour rénover les bâtisses afin d'y recevoir des groupes – et demandait réflexion de son côté.

Quant à moi, cette extravagante aventure m'aura permis de réaliser une fois encore que ce qui nous semble en apparence « mal » ou « dangereux » se base bien souvent sur un jugement de valeur ou une interprétation subjective de la situation. Et si, au fond, la « noirceur » n'existait pas ? Que ce soit dans le plan visible ou dans l'invisible, peu importe les circonstances que nous traversons, nous avons le choix entre « réagir » à ce qui se passe à l'extérieur de nous (aux personnes, problèmes ou situations qui perturbent notre quiétude intérieure) ou considérer qu'il ne s'agit que d'un « déclencheur » : un « signe » ou une invitation à nous intérioriser pour aller au-delà de nos croyances limitatives afin de découvrir le potentiel merveilleux et infini présent en nous-mêmes… et dans tout ce qui vit !

Je devais avoir besoin de renforcer cette compréhension des choses en moi-même, car un autre événement du même genre s'est produit un peu plus tard, au cours d'un autre séjour en Belgique. Si celui-ci s'est avéré plutôt cocasse, les conclusions qu'il m'a été permis d'en tirer ont été des plus profitables pour ma propre guérison intérieure…

J'ai été invitée à séjourner chez l'une de mes organisatrices, Michelle. Cette dernière a tenu à ce que je dorme dans sa propre chambre, prétextant qu'elle n'avait pas encore terminé les travaux de sa chambre d'ami située au grenier. Il faut dire que Michelle, spécialisée en design intérieur et en feng shui, avait fait tout un travail de rénovation dans sa vieille maison datant elle aussi de plusieurs siècles, et le résultat était stupéfiant : un décor moderne, tout neuf, mais ayant préservé son cachet d'antan. Bref, j'ai eu le bonheur de demeurer dans une résidence lumineuse et chaleureuse, entourée d'un jardin magnifique, auprès de gens tout simplement charmants.

Même la chambre à l'étage était digne des plus grands hôtels : un lit mœlleux et une chaude couette en duvet m'ont permis de passer une nuit digne d'une reine ! Aussi ai-je été fort surprise d'y faire un rêve des plus étranges : je me suis vue déambulant sur le balcon de la résidence, rencontrant des personnages inconnus qui, en guise de salutation, au lieu de soulever leur chapeau, retiraient carrément leur tête ! Ils avaient d'ailleurs l'air de trouver cela très drôle. Certains jetaient leur appendice crânien par-dessus les remparts et, alors que leur tête plongeait directement dans les douves, ils en profitaient pour la remplacer par une nouvelle, s'amusant à revêtir les visages de personnages connus tels Brad Pitt ou Angelina Jolie.

À mon réveil, j'entendais encore les rires de ces joyeux lurons résonnant à mes oreilles. C'est donc dans la gaieté que j'ai entrepris de raconter mon rêve à mon hôtesse au petit-déjeuner, espérant rigoler avec elle de ce songe pour le moins déconcertant ! À l'inverse, j'ai plutôt vu le visage de ma copine s'allonger de plus en plus au fil du récit. Non seulement Michelle ne riait pas du tout, mais son teint blêmissait à vue d'œil et elle ravalait constamment sa salive, en apparence bouleversée par mon histoire.

Lorsque je l'ai interrogée au sujet de ce qui n'allait pas, celle-ci m'a confié qu'elle avait pourtant tout fait pour éliminer les présences indésirables résidant dans sa maison.

« Qu'est-ce qui te met autant à l'envers ? ai-je demandé. Il n'y avait pourtant rien de bien terrible dans ce rêve, au contraire !

– Tu ne comprends pas ! a-t-elle chuchoté, comme si elle avait peur de “réveiller les morts”. Au siècle dernier, ce bâtiment faisait office de mairie et de cour municipale. On m'a raconté que, dans la pièce où tu as dormi, c'était justement là qu'était installée la guillotine…

– Ha ! ha ! ha ! Que c'est rigolo ! C'est donc pour ça que les personnages de mon songe retiraient leur tête si aisément !

– Non, non, ce n'est pas drôle du tout ! affirme ma copine, plutôt mécontente. Si tu savais à quel point j'ai travaillé fort pour enrayer les énergies négatives présentes dans cette maison et l'entourer de lumière…

– Et ça a très bien fonctionné ! ai-je continué gaiement. Il n'y avait que de la joie et de la légèreté dans mon rêve. Les âmes qui erraient en ce lieu m'ont montré qu'elles avaient bien reçu cette énergie libératrice et avaient pu guérir le traumatisme causé par leur fin tragique. Et si elles se manifestaient encore aujourd'hui seulement parce que tu t'inquiètes à leur sujet et, qu'en leur envoyant ainsi une partie de ton énergie, tu les gardes “sous ta tutelle”, les empêchant de passer dans l'autre monde ? »

Au cours de la journée qui a suivi, j'ai invité Michelle à prendre conscience qu'elle avait donné le meilleur d'elle-même à cette maison, qu'il était temps pour elle de cesser de vouloir en faire autant pour l'améliorer… et choisir d'en profiter, tout simplement. En se libérant du fardeau qu'elle portait inconsciemment, mon hôtesse se défaisait aussi du lien qui la rattachait aux entités résidant à ses côtés et celles-ci, déjà bien allégées par tous les rituels ayant été faits sur les lieux, ont donc pu partir dans la lumière.

Bien entendu, de mon côté, je me suis aussi demandé pour quelle raison je m'étais attiré ces deux situations semblables – quoique les vibrations diffèrent en densité – au cœur de la même région située dans le même pays.

Un chapitre de la *Bible des Âmes* me concernant m'est alors apparu clairement, en sons et en images : plusieurs centaines d'années plus tôt, dans le cycle de mes propres réincarnations, j'ai moi-même été un chevalier faisant partie de l'ordre des Templiers. L'homme fort et courageux que j'étais alors s'était lui aussi engagé à protéger les secrets de sa confrérie, au péril de sa vie. S'élevant peu à peu dans les échelons de la hiérarchie, il commençait tout juste à discerner l'importance des enseignements qu'il recevait lorsque son ordre fut pourchassé et mis en déroute par les dirigeants de l'Église catholique.

Jeune et naïf, le chevalier au cœur pur ressentait au plus profond de lui-même à quel point il était vain de vouloir se battre. « Pourquoi, se demandait-il, vouloir soustraire les connaissances des Anciens au regard du monde alors que ces enseignements pourraient, au contraire, apporter l'illumination et la paix au peuple tout entier ? Pourquoi garder ces trésors de sagesse accessibles à une poignée d'humains tandis que toutes les âmes se languissent de retrouver leur Essence divine ? »

Le chevalier que j'étais alors ne comprenait pas les menaces que de telles révélations pouvaient exercer sur le pouvoir ecclésiastique habitué à régner en maître absolu à travers l'Occident tout entier. Totalement dévoué à sa cause et reconnaissant des transformations lumineuses qui s'étaient opérées en lui depuis sa conversion, plus que tout il aurait souhaité pouvoir partager avec les gens qu'il aimait (ses parents, sa bien-aimée et les gens de son village) ces fabuleux secrets qui avaient embrasé son cœur et enflammé son esprit.

Pour son plus grand malheur, celui-ci exprima ses réflexions auprès de ses enseignants, qui l'incitèrent unanimement à réfréner ses ardeurs. Constatant qu'il n'était pas entendu, il osa alors se confier à son supérieur hiérarchique, espérant que cet homme bourru et belliqueux comprendrait l'importance de semer l'amour et l'espoir plutôt que de s'engager dans des combats perdus d'avance. Hélas, ce dernier reçut d'un très mauvais œil les conseils du jeune homme. Et, se méprenant sur ses intentions, cru voir en lui un traître, quelqu'un mettant en péril l'avenir de l'ordre. Il ordonna donc qu'on lui tranche la tête !

Et voilà pourquoi les deux lieux visités résonnaient si fort en moi. Les mémoires de « chevalier » et de « décapitation » présentes dans mes propres cellules aspiraient à leur tour à être libérées du poids du passé. Pour ce faire, j'avais attiré à moi des situations « extérieures » vibrant au diapason de mon « intérieur » – même inconscient – pour me permettre de m'éveiller non pas aux événements ou au sensationnalisme du contexte, mais bien à mon besoin de faire la paix avec la partie de moi qui se sentait « investie d'une mission planétaire », encore une fois dans cette vie-ci.

Que ces images issues des profondeurs de mon subconscient soient réelles ou non, qu'elles proviennent d'une vie antérieure ou de ma vive imagination débridée, ce n'est, au fond, guère important. L'essentiel à mes yeux consistait à me rendre compte que je portais, telle une lourde croix sur mes épaules, le sentiment urgent de devoir transmettre toutes les connaissances reçues depuis mon enfance, tout en étant empreinte d'émotions contradictoires : excitation, peur, enthousiasme, dépréciation, joie et solitude intérieure. Plus que tout, il me semblait devoir surmonter à chaque instant cette impression tenace d'être un « imposteur » ; la pensée qui me revenait le plus souvent étant : « Qui suis-je, moi, pour oser prétendre pouvoir enseigner ces profondes vérités spirituelles, alors que je ne les ai même pas encore toutes intégrées dans moi-même ? »

L'éclairage que m'apportaient ces deux événements sur mes propres états d'âme m'aura permis de guérir une partie de ces blessures d'injustice et de persécution qui refaisaient régulièrement surface en moi depuis ma plus tendre enfance, sans que j'en comprenne l'origine. De plus, ils m'auront autorisée à faire un nouveau choix : prendre la décision d'aller de l'avant et de mettre par écrit l'essentiel de mes formations pour les rendre accessibles au plus grand nombre.

Ce n'est qu'au moment où mon livre *Bienvenue dans la 5e dimension* a été publié que j'ai pu achever enfin la guérison des blessures identifiées en moi-même en Belgique, grâce à un dernier incident ayant eu lieu, cette fois-ci, dans le nord de la France. Alors que je m'apprêtais à donner une conférence présentant le contenu de mon nouvel ouvrage, j'ai vu un inconnu entrer dans la salle et aller s'asseoir tout au fond, sans adresser la parole à qui que ce soit. J'ai tout de suite ressenti un malaise intérieur intense, comme si cet homme venait spécifiquement pour évaluer chacune de mes paroles, cherchant assurément à me prendre en défaut. Tout au long de la soirée, j'évitais son regard scrutateur et, à la pause, alors qu'habituellement j'en profite pour discuter avec les participants, je me suis plutôt dépêchée de m'éclipser dans le jardin, histoire d'aller « respirer un bon coup » et remettre mes idées en place.

Pourtant, le monsieur en question n'a pas dit un seul mot de la soirée. Il est demeuré jusqu'à la fin sans poser une seule question ni me lancer quelque commentaire désobligeant ou même une œillade rébarbative. Il a quitté la salle sans broncher et sans saluer personne.

Ce n'est qu'une fois que tout fut terminé que j'ai osé faire part à Lisette, mon organisatrice, du sentiment d'anxiété qui m'avait oppressée durant toute la soirée. Celle-ci ne put s'empêcher de sourire.

« Tu sais, me dit-elle en riant, cet homme ne peut vraiment pas te vouloir du mal : il s'agissait de mon boulanger !

– Peut-être, mais il peut faire partie d'une association ou d'un groupe sectaire quelconque qui désapprouve le genre d'enseignements que je propose.

– Lui ? Pas du tout ! continue-t-elle en rigolant de plus belle. Je le connais depuis des années et non seulement il est charmant, mais il s'intéresse à tout ce que je fais. J'étais ravie qu'il puisse se libérer pour venir à la conférence, car comme il se lève tous les matins vers quatre heures, il assiste rarement aux activités qui finissent tard le soir ! Il a même acheté ton livre avant de repartir. »

Quelle angoisse ! Et me voilà à imaginer qu'il décortiquera chaque mot, chaque phrase, à la recherche de la moindre erreur, de la plus minuscule faille dans mon raisonnement... Mais qu'est-ce qui m'arrive ? Depuis le temps que je donne des conférences et des ateliers à des personnes de tous les milieux sociaux et partout en Europe, je ne comprends pas pourquoi la présence de cet homme – et ce qu'il pourrait penser de moi – m'affecte à ce point. Quelques heures plus tard, contrairement à mes habitudes, j'ai peine à m'endormir, continuant de ruminer ces émotions diffuses et incompréhensibles qui bouillonnent en moi... malgré moi !

Tôt le lendemain, Lisette reçoit un appel qui la fait de nouveau éclater de rire. « C'est pour toi, me dit-elle en s'esclaffant. C'est mon boulanger ! »

Empoignant le téléphone, je me sens me liquéfier sur place. Je m'attends au pire, tout en sachant que, si mon correspondant avait été en colère, mon organisatrice n'aurait pas ri aux éclats. Je suis consciente que ma voix tremble au bout du fil lorsque je réponds. L'homme se présente et, en quelques mots, m'exprime à quel point il a adoré ma conférence. Je suis en état de choc. Il ajoute qu'il a commencé à lire mon livre et qu'il sentait qu'il devait m'appeler pour me remercier, précisant qu'il étudiait les sciences religieuses depuis plus d'une vingtaine d'années et que c'était la première fois qu'il rencontrait quelqu'un qui parvenait à expliquer les fondements de la spiritualité en des mots « si simples qu'un enfant de douze ans pourrait les comprendre »...

En entendant cette phrase, c'est comme si un poids immense avait été enlevé de sur mes épaules. Sans même comprendre pourquoi, je me suis mise à pleurer au bout du fil, ne pouvant plus prononcer une seule parole tellement j'étais émue. Je devais avoir l'air bien ridicule, comme ça, ne pouvant retenir mes larmes devant un parfait inconnu. Ce n'était pourtant pas le premier compliment que je recevais, ni même le plus élogieux, mais une part de moi avait réellement besoin de cette reconnaissance concrète afin de pouvoir guérir la peur irrationnelle qui subsistait en moi de me voir un jour décapitée ou brûlée vive comme hérétique...

En raccrochant, je me suis intériorisée pour me recentrer, prenant plusieurs bonnes respirations profondes pour assécher mes larmes et retrouver ma sérénité intérieure. Au bout de quelques secondes, un chapitre de plus de la *Bible des Âmes* s'est révélé à moi, de nouvelles images montant en moi comme des voiles qui se lèvent pour révéler la lumière du jour. Je me suis revue me faisant trancher la tête par l'un de mes compagnons Templiers, celui que j'admirais le plus : le plus brave, le plus sage... et le plus obéissant. Il s'agissait de l'âme de ce boulanger, cet inconnu qui ravivait tant de souvenirs inconscients au plus profond de moi-même ! Et, en un éclair, j'ai compris d'où venaient ces peurs qui avaient surgi la veille et qui, par miracle, s'étaient apaisées définitivement en moi grâce aux quelques mots de ce gentil monsieur qui, sans doute sans le savoir, avait répondu à l'appel de mon âme.

Une page s'est tournée en moi ce jour-là et j'ai pu aller de l'avant en réalisant que les peurs de la noirceur ne sont, au fond, que des résidus de souffrance non guéris en nous, un vide intérieur ayant tout simplement besoin d'être comblé en nous reconnectant à notre propre lumière… et à celle des autres.

Chapitre NEUF

Fées, dragons, licornes, des légendes ?

Mes dernières expériences fascinantes avec le monde invisible et l'aspect multidimensionnel de l'âme ont éveillé en moi le désir d'en savoir plus sur ces univers parallèles que nous côtoyons à chaque instant sans le savoir. Ne pouvant plus me contenter de visiter les villes où j'étais invitée à donner des ateliers, je me suis prise de passion pour une autre façon de voyager : l'accompagnement de groupe de ce qu'on appelle, dans le jargon spirituel, des « balades initiatiques ».

Ce phénomène est très à la mode auprès des personnes en cheminement personnel désirant profiter de leurs vacances pour ressentir l'énergie de certains hauts lieux vibratoires comme les pyramides d'Égypte ou le Machu Picchu. Je me suis donc dit que ma facilité à entrer en contact avec les ondes émises par un espace sacré, ainsi que les êtres de lumière qui s'y trouvent, pouvait sans doute être mise à contribution et attirer des gens avides d'activer leurs propres mémoires tout en guérissant au passage les blessures reliées à leurs différents passages sur Terre.

L'une de mes ancêtres, mon arrière-grand-mère maternelle, est arrivée d'Irlande vers le milieu des années 1800 sur un bateau emmenant au Canada des « filles à marier », pour la plupart orphelines et sans le sou. Je rêvais donc depuis ma tendre enfance de partir à la recherche de ma parenté éloignée. Étant la seule descendante à avoir hérité des cheveux roux de ma grand-mère – et ayant été longtemps stigmatisée par le surnom de « Poil de carotte » –, la petite fille perpétuellement malheureuse que j'étais fuyait souvent la réalité au travers des fabulations extravagantes dans lesquelles je m'imaginais descendante d'un roi celte aux cheveux de feu, envoyant ses soldats sur toute la Terre pour me retrouver enfin... Bref, j'ai souvent rêvé de la Terre d'Émeraude, avec ses vallées verdoyantes, ses châteaux entourés de brume et ses farfadets taquins.

Pour moi, l'Irlande représentait aussi toute la connaissance celte : les druides et les prêtresses d'Avalon, la magie connectée à la Grande Déesse, notre Terre mère, Gaïa. En faisant des recherches sur ce beau pays dans l'espoir d'y organiser un séjour de groupe, je me suis rendu compte que le village où j'habitais, Saint-Ambroise-de-Kildare, devait avoir été fondé par des Irlandais, car, dans mes recherches sur les grandes figures gaéliques, je suis tombée sur un texte précisant que l'une des saintes les plus connues sur la Terre d'Érin, sainte Brigitte, avait été enterrée à Kildare, une petite ville près de Dublin.

Au-delà de la coïncidence des lieux, l'histoire de cette personnalité oghamique m'interpellait très fort puisque, selon les sites Web visités, ce nom, épelé de différentes façons (Brigit, Brighid ou Bridget), se retrouvait dans plusieurs récits antagoniques, se rapportant à des périodes différentes de l'histoire du pays. Pour certains, Brigitte serait une moniale ayant vécu au VIe siècle, disciple de saint Patrick et, tout comme lui, reconnue « patronne » de l'Irlande ; tandis que d'autres identifiaient plutôt Brigid, aussi appelée « Brigantia », au principe divin féminin par excellence.

Selon la tradition celte, elle serait la déesse de la fécondité, de l'inspiration poétique et de la guérison, alimentant le feu des forgerons, et elle serait associée au renouveau du printemps.

Il me semblait surtout que les premiers chrétiens ayant mis le pied en Irlande, saint Patrick à leur tête, devaient aspirer à convertir le plus d'adeptes possible et avaient utilisé le nom « Brigitte » pour « récupérer » les dévotions païennes, en réduisant la célébration du premier février, l'Imbolc, fête de purification en l'honneur de la déesse, en simple date figurant au calendrier des saints. Il va sans dire que je n'éprouvais aucune sympathie pour le patron de l'Irlande, quelque évangélisateur et fondateur du catholicisme gaélique qu'il fût. Et si la légende prétendait qu'il avait, d'un grand coup de bâton, chassé tous les serpents de l'île (au sens propre comme au figuré), je ressentais qu'il avait surtout pourchassé les adeptes du culte de la déesse, au même titre que tous les autres inquisiteurs à travers les âges.

C'est pourquoi, lorsque je me suis rendue en Irlande, je ne souhaitais guère visiter les cathédrales et les tombeaux de ces illustres saints. Les copines qui m'accompagnaient et moi-même avons eu la chance d'être guidées par une Irlandaise du cru, captivée par les traditions celtes. Outre les visites touristiques habituelles, Dublin, Cork, Newgrange et Tara, nous avons pu explorer avec elle de nombreux sites moins connus, mais encore bien empreints de mémoires celtes. Et nous nous sommes, bien entendu, rendues à Kildare **(voir Illustration # 5)**.

Au pied de la tour consacrée à la sainte Brigitte « chrétienne », mes amies et moi n'avons ressenti que de la tristesse et de la mélancolie. Si nous avions l'impression que Brigid, la Grande Déesse, nous disait : « Ne me cherchez pas ici », le désespoir d'un peuple ayant perdu ses repères se faisait sentir en ce lieu comme un brouillard épais et nébuleux. J'en étais toute bouleversée.

Peu à peu, des images se sont infiltrées en moi : des prêtresses celtes, reliées aux éléments, s'étaient réunies au cœur d'une forêt sacrée pour invoquer le pouvoir suprême. Ayant perçu dans leurs songes et leurs visions l'arrivée d'une ombre, d'un adversaire qui chercherait à les exterminer et à faire disparaître leurs croyances – l'essence même de la connexion à la Terre mère –, celles-ci tentèrent d'opérer un rituel magique afin de protéger leur terre, leur pays et leur foi. Régnant comme un maître absolu depuis plusieurs siècles auprès du peuple d'Érin, elles se devaient de les soustraire à cette menace inconnue provenant, selon elles, d'Angleterre, patrie de leurs ennemis jurés.

Ces femmes, à la fois prêtresses et sorcières, vivaient en complicité avec les différents mondes, connaissant tout des univers parallèles, et puisant leurs facultés surnaturelles dans les éléments, faisant d'elles des êtres vénérés et craints d'une rive à l'autre de la terre d'Émeraude. Elles mirent donc en place divers charmes de protection pour repousser le danger. Certaines invoquèrent le feu, le vent ou la mer, tandis que quatre d'entre elles se virent confier la tâche d'aller poser une pierre ensorcelée sur des sites particulièrement élevés sur le plan vibratoire, situés au sommet de quatre collines pointant vers les quatre directions de la croix solaire.

Malheureusement, si trois d'entre elles parvinrent à accomplir leur tâche sans encombre, la quatrième, enceinte et épuisée par le poids du bébé dans son ventre, eut beaucoup de peine à transporter la lourde pierre dans sa besace, à travers le froid et la tempête soulevée par ses compagnes. Son pied se prit dans une racine et, basculant sur le dos, elle dévala la pente raide pour finir par heurter tête première un gros rocher et se rompre le cou.

Si cette vision contribua à m'émouvoir encore davantage, ma rancune envers saint Patrick n'en fut qu'exacerbée au plus haut point. Je prenais conscience que, à la suite de cet échec cuisant, les descendants des Celtes avaient dû subir les affres de la trahison des mains mêmes du peuple qu'ils avaient accompagné, guéri, protégé et guidé pendant toutes ces années. Les portes entre les mondes s'étaient ainsi refermées et ceux qui, comme mon arrière-grand-mère, ma grand-mère et moi-même, naissaient avec des dons particuliers se voyaient ostracisés, emprisonnés ou même brûlés vifs par les chrétiens. Ma propre histoire était liée à ce peuple, ce qui expliquait ma tristesse et la colère qui grandissait en moi.

Heureusement, certains lieux portaient encore l'empreinte des mondes invisibles. Quelle ne fut pas ma joie, près de la colline de Tara, de voir une licorne traverser une porte multidimensionnelle pour venir nous indiquer un endroit empreint d'énergie lumineuse. C'était la première fois que j'apercevais cet être légendaire, gracieux et distingué, à la croupe toute blanche et arborant sa corne dorée comme l'emblème du paradis sur Terre.

Sans dire un mot, la licorne nous fit signe de la suivre et nous entraîna à l'orée d'une forêt remplie d'arbres majestueux aux formes étranges et sinueuses, dont les branches s'étendaient à l'horizontale, tels des bras vigoureux dans lesquels nous avions toutes envie de nous réfugier. Elle attira notre attention vers un arbre en particulier, au pied duquel se trouvait une ouverture à même l'écorce, rappelant l'entrée d'une minuscule caverne. En nous recueillant pour ressentir la féerie du lieu, mes copines et moi avons découvert qu'il abritait, sous ses profondes racines, un village de gnomes, de lutins et de farfadets.

Une cité entière vibrait sous la croûte terrestre, à l'abri des regards indiscrets. La licorne était, en quelque sorte, leur protecteur et leur ambassadeur. Nous avons alors compris que, loin d'avoir disparu, le monde des fées s'était tout simplement réfugié dans une autre dimension. Mieux encore, soustraits à la domination des humains, les élémentaux[2] pouvaient désormais œuvrer à leur guise parmi la faune et la flore, à préserver la nature et à recouvrir Gaïa d'un vaste manteau de verdure.

Durant notre brève conversation avec les fées, le mot *domination* a quelque peu heurté ma sensibilité, croyant naïvement que les prêtresses celtes ne pouvaient qu'être des alliées du « petit peuple », travaillant

2. Un élémental ou esprit des Éléments est une créature multidimensionnelle composée de l'un ou l'autre des quatre éléments issus de la tradition grecque, c'est-à-dire l'air, l'eau, le feu et la terre.

conjointement avec lui à maintenir l'équilibre entre les mondes… Or, comme partout sur la planète, il semblerait que « là où il y a des hommes, il y a de l'hommerie » et, si les nobles traditions celtes avaient inspiré des générations d'Irlandais à rechercher la complicité avec la nature, certains druides ont rapidement été pervertis par le pouvoir qu'ils avaient sur leurs concitoyens dévots et ont tenté de s'approprier pour leur seul bénéfice les forces naturelles en place.

Des chapitres entiers de la *Bible des Âmes* se révélaient derrière mes paupières closes. Des prêtresses nues hurlant à la lune des incantations sinistres leur permettant d'aspirer l'énergie terrestre dans le seul but d'augmenter leur force vitale et leur emprise sur leurs semblables. Des druides et des bardes relégués à l'état d'esclaves ou de simples géniteurs, dédiés à la satisfaction de ces dominatrices perverses prenant plaisir à les avilir. Mon petit cœur fragile s'est recroquevillé sur lui-même. Moi qui, depuis toujours, avais admiré les sorcières de toutes les époques, fantasmant sur leur connexion privilégiée avec Gaïa et honorant leur dévotion pour le bien de tous, voilà qu'on me présentait une tout autre image des rites celtiques…

Tandis que des larmes de honte et de douleur coulent sur mes joues, je sens approcher une âme masculine revêtue d'une aube blanche et portant une mitre d'évêque. Sachant qu'il s'agit probablement de saint Patrick, je tente d'ignorer sa présence. L'une de mes copines, Josée, l'aperçoit aussi et m'invite à communiquer avec lui, ce que je refuse, trop bouleversée par les blessures vives que je viens de contacter au-dedans de moi. Ma copine insiste :

« Il veut vraiment te parler, tu sais. Je crois que c'est important !

– Eh bien, qu'il s'adresse à toi puisqu'il est juste là, à ta gauche.

– Non, non, c'est à toi qu'il a quelque chose à dire… »

Je pousse un grand soupir lourd de sous-entendus et tente de laisser aller les visions du passé pour revenir dans le moment présent en reprenant contact avec mon enveloppe physique… alors que je me sens si fragile et vulnérable dans toutes mes cellules vivantes. Le spectre de Patrick est tellement tangible que nous pouvons toutes le voir, même les yeux ouverts. Son aura blanche et lumineuse irradie tel le puissant soleil de midi. Il incline la tête en signe de salutation et s'adresse directement à moi par télépathie :

« Mon enfant, tout ton être frémit dans l'énergie de ce lieu où tes ancêtres ont vécu et péri, parmi la souffrance et la désolation. Tu me rends responsable de ce qui s'est passé sur ces terres verdoyantes, mais tu ne connaissais jusqu'à maintenant qu'une partie de l'histoire… Tu comprends maintenant que, sans savoir que des sorcières s'abreuvaient au sang de la Terre et pratiquaient de la magie noire, mon âme, comme la tienne, s'est sentie “appelée” à venir ici pour rétablir l'équilibre entre les puissances dualistes de ce monde. La balance ayant trop longtemps penché du côté du pouvoir féminin, il importait d'inverser les pôles… et la chrétienté a joué ce rôle en Irlande – comme ce fut le cas aussi, bien souvent, ailleurs sur la planète.

– C'est bien beau tout ça, rétorquai-je, amère, mais en réalité, on est juste passé d'une forme de contrôle à une autre ! Et combien de personnes, à travers les âges, ont perdu leur vie dans ces perpétuelles luttes entre les religions ou les forces dirigeantes, quelles qu'elles soient.

– Va voir au fond de ton cœur, petite âme : mon intention était pure et légitime. Je souhaitais seulement partager avec les miens mes croyances en un monde meilleur et ma foi dans le Christ qui illumine l'âme de quiconque aspirant à transcender ces bassesses humaines.

– Seulement, ai-je continué, aigrie, comme tant de fois dans l'histoire de l'humanité, tout a été récupéré par l'Église et le peuple est passé d'un asservissement à un autre. Ça n'a servi à rien !

– Ta rancœur s'explique par le fait que le sang qui coule dans tes veines est le même que celui qui a été versé sur cette terre d'abondance. Tu es blessée parce que tu crois que si les Celtes avaient continué de régner sur ce pays, l'ouverture au monde invisible aurait perduré, et tu n'aurais pas été dénigrée par tes parents, alors que, toute petite, tu partageais avec eux ces visions qui, à leurs yeux, passaient pour des hallucinations et des problèmes de santé mentale. Ta propre grand-mère fut enfermée et lobotomisée par des médecins ignares et incrédules… Et si tu étais venue en ce lieu pour réhabiliter celle que tu as été jadis et guérir tant tes propres mémoires de souffrance que celles de toute ta lignée ? »

Ouf ! Je suis sciée en deux ! Un flot incontrôlable de souvenirs malheureux afflue à mon cerveau. Dans un premier temps, toutes les fois où je me suis fait traiter de folle, de sorcière ou d'affabulatrice. Puis, mes visites à l'hôpital au chevet de ma grand-mère maternelle qui a été mise de force dans un coma artificiel pour atténuer ses symptômes de dépression profonde. La peur de ma mère de tout ce qui a trait à l'au-delà et au monde invisible. Les ampoules électriques qui volaient en éclats lorsque, adolescente, je traversais une période de crise existentielle. Enfin, mes difficultés à partager les enseignements reçus en canalisation, ces dernières années, craignant qu'une figure d'autorité quelconque me fasse enfermer en psychiatrie… Tant de douleur emmagasinée dans ma chair et dans mon esprit !

« Et si la partie de toi qui se souvient de tes propres abus et de tes propres excès dans d'autres vies t'avait attiré toutes ces situations traumatisantes pour que tu t'appliques à agir dans l'équilibre et le respect de la vie dans son intégralité ?

– J'ai fait partie de ces prêtresses abusives, n'est-ce pas ? Je me sens piteuse et repentante.

– Pourquoi crois-tu qu'il t'est si difficile de t'ancrer à la terre, de puiser dans le sol la force vitale de Gaïa qui amplifierait ta puissance et ta lumière ? Pourquoi crains-tu de laisser émerger la magie qui t'habite, sinon parce que tu sais combien il te serait facile de basculer dans la quête de pouvoir et de richesses ?

– Mais j'ai choisi la lumière ! affirmai-je d'une voix forte. Je travaille dur sur moi-même pour apprendre à maîtriser mon ego et à me mettre seulement au service de la Source.

– Réalise, mon enfant, que tu es empreinte du même désir d'aider et de sauver le monde que celui qui m'habitait, moi, à l'époque. Or qu'est-ce qui te dit que, dans deux cents ans, ce ne sont pas les thérapeutes de l'âme et les énergéticiens qui, à leur tour, seront dénigrés par les humains du futur ? Après tout, malgré leur intention d'apporter la lumière autour d'eux, ne maintiennent-ils pas leurs semblables dans la dépendance et la soumission en s'instaurant "maîtres", prétendant que seules leurs pratiques et leurs croyances sont les véritables voies menant à l'illumination ?

– D'accord, je comprends ce que vous voulez dire...

– Chaque être humain sur Terre porte en lui les clés de sa propre délivrance et de sa guérison. Chaque fois que tu veux porter secours à quelqu'un, c'est comme si tu lui disais qu'il n'a pas ce qu'il faut pour s'en sortir tout seul. Tu ne vois que sa faiblesse et non sa lumière. Ce que tu "recontactes" ici, en Irlande, n'a rien à voir avec des croyances, des rituels ou une quelconque religion. C'est la même énergie qui vibre partout sur la planète et dans le cosmos tout entier. À toi de te libérer de tes limites et des blessures du passé pour inciter les autres autour de toi à faire de même... »

Je « sais » déjà tout cela. Gaïa, les anges, les maîtres et la plupart de mes amis évoluant dans la spiritualité me l'ont maintes fois répété. Mais, il subsiste en moi tant de résistances, de fausses convictions et de séparation d'avec ma propre Essence divine...

Peu à peu, je sens l'énergie lumineuse de Patrick m'enrober de chaleur et d'amour inconditionnel. Je me reconnais dans le jeune évêque fougueux et dynamique qu'il a été au moment de son arrivée en Irlande. Je ressens dans tout mon être l'authenticité de ses ambitions, visant à initier les Celtes à la foi chrétienne, en communion avec le divin qui vient du Ciel, plutôt que de la Terre. Tout comme moi, il cherchait seulement à élever les âmes, avec tous les moyens mis à sa disposition à l'époque, sans savoir ce qu'il adviendrait de son ministère et de ses conséquences désastreuses sur la connexion au monde invisible, aux fées, aux licornes et aux élémentaux.

Le sentiment d'acceptation ultime qui réside en lui se communique au plus profond de mon cœur… qui s'apaise à son tour et accueille le pardon dans sa quintessence la plus pure. Pardon envers cet être sage que j'ai mal jugé, pardon envers moi-même pour tout ce que j'ai été ou tout ce que j'ai subi, de façon consciente ou non, pardon envers les membres de ma lignée qui ont perpétué les souffrances du passé inscrites dans leur chair, pardon, surtout, envers l'humanité tout entière qui continue d'être polarisée dans la dualité intrinsèque à cause du sentiment de séparation d'avec le divin présent en chacun de nous.

Un peu plus tard, durant le voyage, tard le soir, après un repas local gargantuesque, nous nous sommes rendus, mes copines, Kevin, le jeune homme chez qui nous logions et moi, sur la quatrième colline de la croix celtique, celle où la jeune prêtresse enceinte avait péri. Une vieille église abandonnée trône désormais au sommet de ce lieu sacré et le vortex énergétique stimulé des années auparavant par les Celtes est désormais endormi.

Tout comme en Belgique, un dôme de lumière semble avoir été installé par-dessus les murailles qui encerclent la chapelle, l'abbaye et le cimetière chrétien y ayant élu domicile. Souhaitant aller voir ce qui se cache à l'abri des bâtiments en ruine, nous sommes surpris de rencontrer une certaine forme de résistance invisible à l'entrée du site, comme si un portail de pierre nous bloquait la route. Lorsque nous nous sommes intériorisés pour demander la permission aux gardiens du lieu de pénétrer dans l'enceinte spectrale, un immense dragon a fait son apparition devant la porte.

De la même façon que la licorne gardait l'entrée du monde des fées, le dragon protégeait cet endroit magique où des factions opposées s'étaient livrées une lutte sans merci. Pas question, semblait-il pour notre cerbère, de laisser des petites Québécoises inconnues raviver les forces incontrôlables sommeillant dans ce pré. Pire encore, pas moyen de communiquer télépathiquement avec le saurien qui refusait obstinément de nous laisser entrer.

Heureusement, notre nouveau copain irlandais, natif de l'endroit, disait avoir des ancêtres enterrés dans le cimetière. Nous l'avons donc invité à demander un droit de passage pour aller rendre un dernier hommage aux membres de sa famille… en notre compagnie, bien entendu. Les lois du monde invisible étant fidèles à celles du monde visible, le dragon grognon s'est éclipsé en silence et le portail s'est ouvert pour nous libérer la voie.

Chose étrange, j'étais moins étonnée par la présence d'un dragon de trois mètres aux écailles luisantes et aux dents acérées que par celle de la licorne rencontrée quelques jours plus tôt. Il faut avouer que, si je n'avais jamais rêvé de licorne auparavant, les reptiles cracheurs de feu ont régulièrement peuplé mes cauchemars depuis ma tendre enfance. Il ne m'est donc guère paru incongru de devoir affronter un dragon et l'esquiver par la ruse… Cela ne faisait que confirmer l'aura mythique entourant la terre d'Émeraude représentant, à mes yeux, l'île perdue d'Avalon dont les secrets se seraient taris avec le temps.

Alors que nous avancions vers les ruines, des dizaines d'âmes errantes se sont approchées de nous. Kevin ayant invoqué ses ancêtres, ceux-ci se présentaient devant nous, étonnés que nous puissions les voir et communiquer avec eux. Il nous semblait que les revenants formaient deux clans, distincts et non compatibles, comme si une tranchée avait été construite entre les deux secteurs du vieux cimetière abandonné. D'une part, les Celtes qui avaient été fidèles jusqu'à la fin à la tradition de leurs pères et, de l'autre, les chrétiens qui les avaient pourchassés jusque dans la tombe pour leur imposer l'Église catholique en tant que maître et souveraine.

Nous pouvions voir qu'il y avait là, pêle-mêle, des soldats, des prêtres, des artisans et de simples fermiers s'étant sans aucun doute livré une bataille acharnée, car ils portaient dans leur corps éthérique les marques de leurs blessures fatales. Comme dans un film de zombies, nous constations qu'il manquait çà et là un bras, une jambe, un œil ou une partie des entrailles de ces fantômes délabrés. Chaque faction semblait surprise de voir ses ennemis encore présents ici-bas. Et, en même temps, nous constations que certains reconnaissaient, dans l'autre clan, un ami, un cousin, un frère... Même les femmes semblaient toutes avoir le même air de famille.

D'une même voix, mes copines, Kevin et moi-même nous sommes empressés d'inviter toutes ces âmes à faire la paix et à se réconcilier entre elles. Nous adressant à tous les êtres ayant succombé sur le territoire, nous avons formulé la prière de les voir libérés de toute forme de rivalité afin de pouvoir résilier l'engagement qu'ils avaient contracté quant à leur faction respective et, ainsi, partir dans la lumière. Nous avons invoqué les anges – et leurs proches déjà passés dans l'au-delà – à venir à leur rencontre pour les guérir et atténuer leurs tourments. Le résultat fut fulgurant ! Nous avons aussitôt vu la tranchée se refermer et les clans s'entremêler dans la confusion la plus totale : les membres d'une même famille se précipitant dans les bras les uns des autres, et les amis qui s'étaient perdus de vue depuis des siècles, s'offrant mutuellement des accolades et des serrements de main réconciliateurs.

Puis, un faisceau de lumière a jailli de la voûte céleste et, une à une, les âmes se sont envolées, disparaissant dans un halo de fumée vers des cieux plus cléments. Ému et ravi, notre petit groupe d'humains s'émerveillait de cette délivrance collective à laquelle il avait le privilège d'assister et de participer bien humblement.

Les paroles de saint Patrick résonnèrent à mes oreilles: « Celui qui fait la paix en lui-même et transcende sa propre dualité devient un modèle pour ses semblables. »

Nous en avions une preuve tangible sous les yeux et éprouvions une irrésistible envie de célébrer à notre tour, en chantant et en dansant joyeusement à la belle étoile…

Chapitre DIX

Les animaux ont-ils une âme?

Toutes mes expériences avec la multidimensionnalité de l'être ne se sont pas avérées aussi spectaculaires. Et si mes contacts avec le monde invisible ont largement contribué à favoriser ma réconciliation avec toutes les parties de moi-même, la plupart des événements les plus transcendants se sont passés dans la simplicité du cœur, en communion avec la nature et tout ce qui vit.

Ainsi, lors de ma première visite en Bretagne, à la suite d'un atelier fantastique avec des participantes qui sont, pour la plupart, devenues par la suite des amies très chères, j'ai eu le bonheur d'être initiée par mon organisatrice et quelques personnes du groupe, à la magie de Brocéliande. Alors que la légende prétend qu'il s'agit de la région où se sont déroulées les aventures du roi Arthur et de Merlin l'Enchanteur, dans chaque forêt, chaque cercle de pierres et plusieurs lacs, on ne peut s'empêcher de ressentir les vibrations positives et lumineuses de cette belle région de France.

Il va de soi que le folklore local s'est empressé de tirer parti de l'engouement touristique qu'une telle fable peut susciter, ce qui fait que nous pouvons, encore de nos jours, y visiter le tombeau de Merlin, la demeure de la fée Viviane et le château de Camelot. Mais les sites véritablement chargés énergétiquement se font beaucoup plus discrets. Pour ma part, j'ai eu le bonheur, en seulement quelques jours, de converser avec un arbre vieux de plus de six cents ans, de chevaucher un immense dragon de pierre et d'apercevoir, à travers un rocher fendu par le milieu où le vent s'engouffre pour émettre un sifflement strident, un village de fées aux ailes gracieuses et au sourire espiègle.

Or de tels privilèges se « méritent » ! C'est pourquoi il nous a fallu traverser des kilomètres de forêts sauvages, patauger dans des sentiers pleins de boue et gravir plusieurs collines en traçant, souvent, notre propre chemin. Parfois épuisée et courbaturée, j'ai constamment fait appel à ma famille d'âmes, à mes guides et à mes anges gardiens pour me soutenir dans ma démarche et alléger le poids de la route. Je n'ai pas toujours eu le sentiment d'être entendue, sans doute trop centrée sur la lourdeur de mes membres pour porter attention aux énergies subtiles, mais je me rappelle très bien avoir régulièrement senti mon énergie vitale se revigorer et ma fatigue s'envoler comme par enchantement.

Il faut que j'avoue que, de toute ma vie, la présence de mes amis de lumière à mes côtés n'a jamais été remise en question. Étant née avec un pied sur terre et l'autre dans l'invisible, je n'aurais pas pu douter de leur réalité, aussi tangible à mes yeux que celle de ma famille terrestre. Cependant, vivant en perpétuelle communion avec l'au-delà dans la plus stricte intimité, je n'avais pas vraiment envie de faire étalage de mes demandes quotidiennes de soutien et de guidance au premier venu.

C'est pour cette raison que j'ai été stupéfaite quand, m'étant arrêtée pour admirer un remarquable feuillu au détour d'un sentier sur une pente particulièrement abrupte, mon organisatrice s'est empressée de me photographier avec l'arbre et que, sur la pellicule, de belles grosses bulles violettes sont apparues (**voir Illustration # 6**).

Ces orbes lumineux venaient confirmer à mon entourage à quel point il suffit de demander pour être entendu et exaucé. Plusieurs fois, par la suite, dans mes ateliers intitulés «Reconnexion avec sa famille d'âmes», j'ai présenté cette photo aux participants qui doutaient de pouvoir recevoir de l'amour ou une assistance secourable de la part de leurs frères et sœurs célestes... Pourtant, s'il suffisait d'y croire?

Bien que la région de Brocéliande soit particulièrement empreinte d'une profonde énergie bienveillante, il n'est pas nécessaire d'être dans des conditions exceptionnelles pour ouvrir la porte au monde invisible dans notre vie. Parfois, juste le fait de choisir de sortir faire une promenade sous les chauds rayons du soleil ravive notre sentiment d'être pleinement vivants et connectés à tout ce qui vibre autour de nous. Dans la nature, les arbres, les fleurs, les animaux et même les pierres regorgent d'une vitalité débordante. Celle-ci peut se transmettre à chaque personne qui y est tout simplement attentive. Il n'est pas nécessaire de faire des efforts pour communiquer avec ces êtres remplis de vie, mais seulement d'accueillir leur beauté, leur vigueur et leur grâce... et de la faire nôtre, en toute simplicité.

Quant à moi, sans chercher à provoquer les rencontres avec les esprits de la nature, j'ai plutôt tendance à me laisser envelopper de bien-être et de douceur dès que je me retrouve dans un endroit accueillant et chaleureux, peu importe où il se situe.

De la même manière, malgré le fait que plusieurs de mes amis pratiquent l'art de la communication avec les animaux, je n'ai jamais cherché à discuter télépathiquement avec les bêtes, me contentant de leur témoigner amour et tendresse lorsqu'ils croisent ma route. Les seules exceptions sont, bien entendu, mes propres animaux de compagnie, auxquels je m'adresse à voix haute régulièrement, puisqu'ils sont des membres à part entière du foyer familial et partagent mon quotidien.

En même temps, je ne suis pas étonnée lorsque, par exemple, le chat de ma voisine m'interpelle quelques minutes avant de se pointer sur mon balcon pour que je vienne le saluer et lui faire des câlins. Même chose pour les écureuils ou les corneilles qui me quémandent parfois du pain ou des noisettes à grand renfort de cris et de gesticulation. Par contre, ce que je ne savais pas, c'est que les animaux habitués à entrer en contact avec les humains qui font de la communication animale peuvent entretenir de longues conversations cohérentes lorsqu'on leur en donne la chance.

Ainsi, lors d'une visite en Suisse chez Myriam une enseignante en « communication animale[3] » ayant accueilli sur sa ferme une dizaine d'ânes très amicaux, j'ai été fort étonnée qu'une jeune ânesse s'introduise sans crier gare dans une discussion que j'entretenais avec l'une de mes clientes venue me rencontrer sur place. Nous étions toutes les deux assises autour de la table de cuisine, partageant nos opinions sur les enfants qui deviennent de plus en plus accaparants en grandissant et, alors que le battant du haut de la porte était ouvert, la femelle en a profité pour s'approcher de nous en y allant d'un commentaire personnel bien senti : « C'est important, les enfants, a-t-elle affirmé sans ambages. Il n'y a rien de plus précieux que les membres de sa famille ! »

Abasourdie, j'ai tourné la tête vers la porte, me demandant si je rêvais : un âne inconnu qui s'adresse à moi par télépathie, en paroles claires et sensées, c'était la première fois que cela m'arrivait. « Moi, a-t-elle continué, j'aimerais tellement avoir un bébé, mais, ici, on ne me le permet pas ! Appréciez donc ceux que vous avez, chanceuses que vous êtes ! »

Je ne sais trop quoi répondre à cela. Qu'est-ce qu'on dit à une ânesse en mal de conception ? Je me confie à ma cliente, une habituée des lieux, qui se met aussitôt à rire : « Ça ne m'étonne pas, me rétorque la dame. Cette jeune demoiselle réclame depuis plusieurs mois à sa propriétaire de pouvoir à son tour mettre bas. »

Ah bon ! Je ne suis donc pas la première auprès de qui cet âne fait entendre des doléances. Dans quel étrange endroit suis-je tombée ? Ma

3. La communication animale est une technique énergétique, enseignée un peu partout dans le monde, permettant d'entrer en contact télépathique avec un animal et/ou son « âme groupe », aussi appelé « déva de la nature ».

cliente m'invite à visiter la ferme en attendant que notre hôtesse revienne de ses courses. Elle me fait donc entrer dans l'enclos des ânes et ceux-ci, reconnaissant la dame, s'empressent de venir nous trouver, cabriolant autour de nous comme des chiots fougueux et enjoués. Plusieurs ânes, dont la croupe arrive à la hauteur de mes hanches, se frôlent contre mon dos et me donnent des coups de reins amicaux, réclamant mes caresses et, si possible, quelque chose à manger.

Je vois tout de suite qui est le patriarche, le *leader* du troupeau, car les épanchements joyeux cessent dès qu'un beau grand mâle de couleur grise s'approche de nous. Les autres ânes s'écartent avec crainte et respect pour le laisser passer. Je l'entends distinctement s'adresser à eux et leur enjoindre de se calmer, de cesser de « faire les fous ». Wow ! Je suis épatée, subjuguée par la prestance de cet âne magnifique. Il me regarde droit dans les yeux, son regard perçant me scrutant jusqu'au fond de mon esprit, comme s'il évaluait la pureté de mon âme et de mes intentions. J'ai dû recevoir son approbation, car il s'est approché de moi et a déposé délicatement sa tête sur mon épaule. Puis, comme les autres avant lui, il m'a donné un bon coup de flanc sur les fesses ! J'ai bien failli en perdre l'équilibre. Bien qu'il soit moins gros qu'un cheval, il était aussi musclé et costaud.

Plus tard, ce soir-là, quelques heures après m'être mise au lit, je suis réveillée par une présence inconnue dans ma chambre… ce qui est inhabituel pour moi, car il y a longtemps que j'ai établi une entente formelle avec mes amis de lumière : pas question d'être visitée en pleine nuit sans ma permission. À mon grand étonnement, il s'agit de l'âne-chef du troupeau, qui se dresse, fier et droit, au pied de mon lit. Il est entouré d'une aura dorée très lumineuse, comme s'il ne s'agissait pas d'un vulgaire animal, mais d'un grand maître auréolé de sagesse. Celui-ci communique avec moi par télépathie, mais j'entends sa voix profonde et caverneuse résonner dans mon esprit :

« Je m'adresse à toi, Dame blanche, parce que, contrairement à ceux qui viennent ici pour apprendre à communiquer avec nous, tu n'as pas tenté de nous imposer ta volonté ou de t'infiltrer dans notre tête pour y lire nos pensées.

– Pardon ? (Encore endormie, je ne suis pas trop sûre de comprendre où cet âne veut en venir.)

– Tu sembles n'attendre rien de nous, Femme. Nous avons vu que ton cœur est respectueux envers les animaux, ouvert à accueillir ceux qui viennent vers toi et qu'il ne cherche pas à attirer leur attention ou à réclamer leurs câlins, et nous t'en sommes reconnaissants.

– Mais, c'est tout naturel ! (Je ne sais pas trop quoi ajouter, puisque je ne vois pas comment il pourrait être autrement dans mon cas...)

– Je viens vers toi, Dame blanche, car nous avons une faveur à te demander.

– Ah bon ?

– La propriétaire de ce lieu, notre mère à tous, nous utilise depuis des années pour éveiller les humains à l'intelligence animale et les inviter à profiter de nos dons de guérison illimités. Régulièrement, nous côtoyons des êtres souffrants, malades ou déprimés qui s'attendent à ce que nous les soignions et que nous leur envoyions de l'énergie. Mais celle-ci s'active à travers notre *hara*, le centre d'énergie situé dans nos gonades, ce qui surexcite nos hormones sexuelles et nous donne l'impression d'être continuellement en rut.

– C'est pour cela que vous donnez autant de coups de hanche ? demandai-je, me souvenant de la réaction des bêtes lors de ma visite de l'après-midi.

– Nous avons la croupe au vif ! explose-t-il vivement. Myriam doit comprendre que c'est elle qui agit et qui guérit à travers nous. Elle a tous les dons de guérison en elle, mais se cache derrière nos facultés apaisantes naturelles pour agir dans l'invisible. Ce faisant, elle surstimule l'énergie présente en chacun de nous et, pour les femelles, ça devient difficile, car elles sont continuellement "en chaleur", ce qui est épuisant à la longue...

– Est-ce pour cela que l'une de vos demoiselles m'a demandé d'intervenir en sa faveur pour qu'on lui permette d'avoir un ânon bien à elle ?

– Entre autres, oui. Mais, l'important, c'est que Myriam dise oui à son propre potentiel à elle. Elle donne beaucoup aux autres, prend soin de tous, mais doit aussi se reconnaître pleinement et accepter de manifester sa propre puissance divine...

– Oui, je comprends ! Je ne vous garantis rien, mais je vais essayer de lui en parler.

– Vous nous rendriez un fier service ! »

Tandis que l'âne majestueux se retire de la pièce en silence, je ne peux m'empêcher de m'interroger sur ce qui vient de se passer. Je suis dans une école spécialisée en communication animale. Moi-même, je n'ai jamais rien lu sur le sujet ni suivi aucune formation. Les gens qui passent en ce lieu pour y donner des formations sont nombreux et même reconnus mondialement pour leurs talents hors du commun. Alors, pourquoi cet âne s'est-il adressé à moi ? C'est vraiment incompréhensible à mes yeux.

Mais peut-être que ce n'est pas la première fois qu'une telle demande est formulée. Sans doute que la propriétaire de la ferme n'a juste rien voulu entendre jusqu'à maintenant. Aussi, comme, dans mon stage, j'insiste beaucoup sur la nécessité de s'ouvrir au meilleur en soi-même, se pourrait-il que je sois la candidate idéale pour transmettre un tel message ? Quoi qu'il en soit, dès le lendemain, je propose, durant la formation, un exercice qui invite chaque participant à identifier son propre potentiel de guérison et à considérer de quelle façon il serait le mieux employé, pour soi comme pour les autres.

Ayant suggéré que les membres du groupe se retrouvent deux à deux pour discuter du sujet, j'en profite pour prendre Myriam à l'écart et lui faire part de ma conversation nocturne avec son âne. Celle-ci ne semble guère étonnée. Elle comprend que l'important, ce n'est pas de « protéger ses ânes » et les empêcher de se « dépenser pour les autres », mais bien d'oser dévoiler la vraie lumière qui brille en elle et qui, assurément, pourrait accomplir bien des miracles…

Je lui conseille de s'engager envers elle-même à ne plus parler seulement du « potentiel guérisseur » de ses animaux, mais de celui de tout être vivant qui se reconnaît et se connecte à sa divinité intrinsèque. Le reste de la journée portant justement sur l'unification de toutes les dimensions présentes en nous-mêmes, l'idée a sans aucun doute fait son chemin, car, de retour chez elle, je constate que les ânes sont beaucoup plus calmes, se promenant chacun de leur côté dans le pré plutôt que d'accourir au moindre mouvement près de la maison.

Ce n'est que le lendemain, au moment de dire au revoir à tout le monde, que j'ai pu mesurer la profondeur d'âme de ces êtres magnifiques. M'étant approchée de la barrière sans toutefois pénétrer dans l'enclos, j'ai vu tous les ânes se regrouper et s'avancer à la suite du chef du troupeau dans une procession cérémonieuse. Puis, solennellement, à l'unisson, tout en fixant sur moi leur regard rempli de tendresse, ils ont incliné la tête en signe de remerciement. J'étais tellement touchée qu'une larme de gratitude a coulé sur ma joue.

J'ai toujours cru que les animaux étaient différents de nous, uniques et exceptionnels, mais pas *humains*, si je peux employer ce mot sans connotation péjorative… Mais voilà que ce qui m'arrivait ressemblait au dessin animé de Disney, *Le roi Lion*, lorsque tous les animaux de la jungle viennent rendre hommage au nouveau-né de leur souverain fauve. Je ne croyais pas que la « révérence » puisse exister chez les animaux. Cet épisode m'a permis de me rendre compte que non seulement ils sont animés par les mêmes sentiments que nous, mais ils savent se montrer reconnaissants et bien plus sages que nous ne le croyons.

Illustration # 1
Portrait d'Asthar Sheran
Dessiné par Gilles Bélair en 1978

Illustration # 2
Portrait de Bianca Gaïa
Dessiné par Gilles Bélair en 2006

Illustration # 3
Portrait de Saint-Germain
Dessiné par Gilles Bélair en 1993

Illustration # 4
Portrait de Métador
Dessiné par Martine Dussart en 2008

Illustration # 5
L'église de Ste-Brigit et sa tour à Kildare
Photo prise en Irlande en 2008

Illustration # 6
Orbes violettes, Quimper, France
Photo prise en 2007

Illustration # 7
Portrait d'un Être bleu
Dessiné par Martine Dussart en 2009

Illustrations # 8 & 9
Les Pierres Tremblantes et le Tombeau ouvert
Photos prises à Rennes-les-Bains en 2009

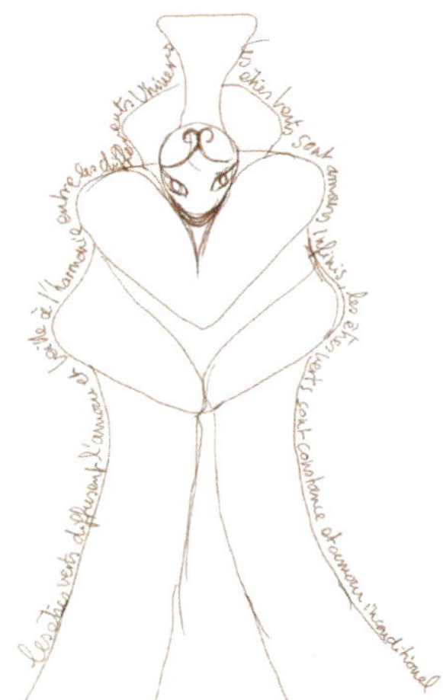

Illustration # 10
Portrait d'un Être vert
Dessiné par Martine Dussart
en 2009

Illustration # 11
Les Êtres bleus
Photo prise aux gorges de Galamus
en 2009

Illustration # 12
Cour intérieure du château de Montségur
Photo prise en Ariège, France, en 2009

Illustration # 13
Portrait d'Éléonore d'Aquitaine
Dessiné par Gilles Bélair en 2008

Illustration # 14
Crypte de l'abbaye St-Victor
Photo prise à Marseille en 2010

Illustration # 15
Arche du temple de Domitien
Photo prise à Éphèse en 2010

Illustration # 16
Fontaine dédiée à Marie
Photo prise à Siringe en 2010

Illustration # 17
Esprit de la nature caché derrière un rocher
Photo prise à Brocéliande en 2012

Illustration # 18
Le Tombeau des Géants
Photo prise à Brocéliande en 2012

Illustration # 19
Chemin de croix de l'église de Tréhorenteuc
Photo prise à Brocéliande en 2012

Illustration # 20
***Crop circle* dans le Wiltshire**
Photo prise en Angleterre en 2012

Illustration # 21
Aubépine de Glastonbury
Photo prise en Angleterre en 2012

Illustration # 22
Un gardien de la Terre – « Ewok »
Photo prise à la Chute Montmorency en 2013

Illustration # 23
Prisme énergétique devant notre nouvelle maison
Photo prise à Ste-Brigitte-de-Laval en 2013

Illustration # 24
Lutin au chapeau rouge
Photo prise à Ste-Brigitte-de-Laval en 2013

Illustration # 25
Êtres de la nature drapés de bleu
Photo prise à Ste-Brigitte-de-Laval en 2013

Illustration # 26
Rayon violet capté près de l'église Ste-Famille
Photo prise à l'Île d'Orléans en 2013

Illustrations # 27 & 28
Pierres levées et vaisseau cosmique
Photos prises à Ste-Brigitte-de-Laval en 2013

Chapitre ONZE

Devons-nous réécrire l'Histoire ?

Comme de nombreuses personnes en France et ailleurs, j'ai beaucoup entendu parler, ces dernières années, d'une petite région de l'Aude où, semble-t-il, il se passe beaucoup de choses étranges. Fascinée par les mystères et les légendes, je me suis donc arrangée pour accompagner, au cours du même été, deux groupes distincts dans ce même coin de pays. Le premier, constitué d'une douzaine de personnes, séjournait chez une amie au pied du mont Bugarach et le deuxième, réunissant plus d'une vingtaine de participants, suivait la route des pèlerins à travers les châteaux cathares.

Ayant visité le village de Bugarach une seule fois auparavant – et uniquement pendant à peine une heure –, je me rappelle seulement qu'un vent violent s'était élevé, alors que nous explorions la petite église du village, et que j'ai eu peur que le toit ne s'envole tellement le bâtiment tremblait de toutes parts. Les dames qui m'accompagnaient m'ont bien entendu raconté toutes les anecdotes croustillantes entourant ce lieu qui, en 2012, avait fait la manchette parce que, supposément, seuls les habitants de ce village seraient épargnés le 21 décembre, date « prévue » de la fin du monde.

Si ces sornettes me faisaient bien rire, j'ai quand même été ébahie d'apprendre qu'à plus de cent ans d'écart, Jules Verne et Steven Spielberg avaient brièvement résidé dans la région : l'un, paraît-il, pour écrire son livre intitulé *Voyage au centre de la Terre*, et l'autre, pour rédiger le scénario du film *Rencontre du troisième type*. Impossible de vérifier l'exactitude de ces informations, mais sachant que plusieurs prétendent que le pech de Bugarach (un pic montagneux en formation inversée, c'est-à-dire creux) serait en réalité une base secrète extraterrestre, les analogies avec ces récits s'avèrent néanmoins captivantes.

Pour ma part, j'ai surtout ressenti, lors de ma première visite, qu'il y avait de nombreuses « cachettes » enfouies sous terre : des tunnels, de vastes cavernes, des vestiges d'une cité antique datant de plusieurs millénaires… Le tout ayant servi de refuge, quelques centaines d'années auparavant, à des cercles d'hommes ayant besoin de s'isoler pour œuvrer sans être vus… Rien de clair, toutefois, l'énergie qui y régnait me semblait diffuse, confuse et embrouillée, d'où ma hâte de revenir y passer plusieurs jours !

Dès ma première nuit, cependant, toute mon attention a été monopolisée par les rencontres multidimensionnelles qui se sont déroulées dans ma chambre et qui ont duré jusqu'au petit matin. J'étais trop ébranlée pour refermer la porte entre les mondes et trop bouleversée pour fermer l'œil ou m'endormir comme si de rien n'était. Il faut dire que les « êtres » qui m'ont rendu visite mesuraient plus de trois mètres de hauteur et ressemblaient davantage à des fourmis géantes au teint bleuté qu'à des humanoïdes.

Or, ce n'est pas tant leur apparence qui m'a perturbée, mais plutôt leurs propos déroutants. Durant un échange télépathique qui a duré plus de six longues heures, ces entités lumineuses ont totalement chamboulé mes perceptions concernant notre belle planète, Gaïa, le moment de l'apparition des humains sur Terre et l'avenir de notre monde dans la troisième dimension. Encore à ce jour, rien que d'y repenser, mon cœur s'affole et mon esprit se trouble ! Mais, commençons par le début.

Ma chambre, au deuxième étage de la maison, offrait une vue splendide sur la montagne, les champs et le ciel étoilé. N'arrivant pas à dormir et ne voulant pas réveiller mon amoureux, Serge, sommeillant à mes côtés, je me suis levée et suis allée m'asseoir près de la fenêtre afin de contempler le magnifique clair de lune. C'est alors que j'ai vu dans le ciel un immense nuage floconneux être « aspiré » par la montagne et disparaître en une fraction de seconde. Bien entendu, je me suis dit que ce « nuage » devait en réalité être un vaisseau spatial rentrant au bercail, ce qui me fit sourire et penser : « Ainsi, c'était donc vrai, tout ce que l'on m'a raconté à propos de cet endroit ! »

C'est alors que les trois entités extraterrestres ont fait irruption dans ma chambre, me lançant, de but en blanc :

« Ne te laisse pas berner par ce que voient tes yeux !

– Euh ! Pardon ? (Je suis interloquée par ces soudaines apparitions.)

– Ce que tu vois au-dehors n'a rien à voir avec ce qui se passe réellement en ce lieu.

– Ah non ? En fait, je ne sais trop quoi penser de ce que je vois "là", devant moi.

– Depuis quelques années, une espèce de "fanatisme spirituel" s'est emparé de plusieurs de tes semblables, qui confondent les dimensions intra et extraterrestres, mettant les soucoupes volantes, les anges, les avatars et les gurus "dans le même panier". Ils sont tellement fascinés, hypnotisés par la lumière "à l'extérieur d'eux" qu'ils y perdent leur propre identité. Surtout, nous t'en prions, ne fais pas comme eux ! »

Ayant maintes fois croisé ce que j'appelle des « illuminés », ces individus vouant un culte exclusif à certaines entités, terrestres ou invisibles, n'arrivant plus à penser par eux-mêmes ou à croire en leur propre divinité intérieure, je saisissais bien ce que ces êtres singuliers tentaient de me faire comprendre. Toutefois, je ne m'attendais pas à ce qui allait suivre :

« Votre Terre est une étoile, poursuivirent d'une seule voix les personnages géants, qui aspire à redevenir un soleil. Et tous les êtres qui y vivent ne sont là, en fait, que pour contribuer à faire "descendre" dans la matière l'énergie de lumière nécessaire à son évolution.

– Gaïa est une étoile, un soleil ? (Je savais que notre planète était vivante, mais qu'elle puisse devenir un astre brillant au firmament dépassait tout ce que j'avais pu imaginer à son sujet.)

– Chacune des âmes vivant sur cette Terre est en réalité elle-même une étoile, une parcelle divine lumineuse. Vous avez juste oublié d'où vous venez. »

Alors, unissant les images à la parole, ces créatures insolites m'ont dévoilé, des heures durant, la « véritable » histoire de Gaïa. Difficile pour moi de décrire ce récit fantasmagorique qui s'est imprimé dans mon esprit, telle une longue bobine de film qu'on déroule. Des halos de lumière y côtoyaient des forces primaires et brutes ; et toutes, semblait-il, s'avéraient représenter des êtres vivants… mais n'ayant rien à voir avec des formes connues. C'est comme si l'on me montrait que chaque étoile du cosmos était en vérité constituée d'une âme ayant traversé différentes étapes d'illumination pour devenir un authentique soleil vivant tout en préservant son « identité » propre, ses couleurs et son unicité.

Au cours de cette époustouflante allégorie céleste, j'ai vu Gaïa, petite étoile ravissante, être « séduite » par Râ, l'astre de notre système solaire, et se retrouver attirée inexorablement dans son sillage par « attraction stellaire ». J'étais consciente qu'il s'agissait d'une métaphore, que ce récit mythologique n'avait rien à voir avec ce qui s'était réellement produit sur le plan astronomique, mais que mon esprit humain « limité » avait besoin de ces descriptions symboliques pour appréhender l'entièreté du concept que tentaient de m'inculquer ces sveltes présences lumineuses debout à mes côtés... N'empêche que le spectacle fabuleux qui défilait dans mon esprit me déroutait totalement !

J'ai ensuite vu la « famille » de Gaïa voler au secours de son enfant chérie et tenter d'ériger une « barrière de protection » autour d'elle. Tout comme lors de ma première rencontre avec la Terre mère, j'ai revu en direct la naissance de notre belle planète : le feu du ciel devant la lave en fusion, des pierres vivantes se mouvant avec peine luttant contre des vents violents et s'agglomérant pour former une croûte dense et poreuse ; puis, la pluie jaillissant pour apaiser la discorde et endormir tous ces belligérants agressifs...La seule différence, c'est que, cette fois, les éléments – terre, feu, air et eau – semblaient animés de vie, de personnalités spécifiques, s'opposant consciemment les unes aux autres dans un objectif précis : celui de remporter la victoire sur ses adversaires.

Après une bataille épique qui dura des millénaires, j'ai vu les géants de pierre, les Titans, s'étendre sur le sol et se solidifier sur place pour former des collines et des montagnes. Les gouttes d'eau, filles d'Ouranos, fusionnèrent entre elles pour créer les océans et les lacs, tandis que le feu, le Tartare, fut emprisonné sous terre pour atténuer ses ardeurs protectrices envers Gaïa. Alors que le Jour et la Nuit s'aménageaient un cocon duveteux autour de la planète, le vent, Cronos, prit le contrôle du temps, ralentissant ainsi les pulsations de Gaïa afin qu'elle ne « souffre » plus de voir les membres de sa famille s'entredéchirer ainsi.

Comme le prince charmant se recueillant devant la tombe de Blanche-Neige, Cronos lança un appel déchirant à travers le cosmos, enjoignant à des civilisations éloignées de venir fleurir le linceul de sa bien-aimée endormie. Des milliers de boules de lumière ont alors accouru dans leurs vaisseaux de lumière, emportant des particules de vie verdâtres venant donner naissance à la flore et à toutes les espèces végétales connues. Le résultat était stupéfiant !

Perle verte et bleue nichée dans son écrin planétaire, notre léthargique étoile attirait désormais les regards envieux des astres environnants et, bientôt, de nombreuses entités lumineuses eurent envie de venir visiter ce paradis exceptionnel que l'on pourrait appeler « jardin d'Éden » tellement il irradiait de beauté. Or, pour que des étoiles puissent expérimenter la « matière », il leur fallait, en quelque sorte, une « enveloppe » physique, d'où la création en laboratoire d'organismes tridimensionnels pouvant accueillir les consciences supérieures ayant envie de prendre des vacances sur cette nouvelle station balnéaire improvisée… En fait, notre belle planète aurait-elle été le premier « Club Med » interstellaire ?

Tandis que se poursuivait la bande onirique dans ma conscience ahurie, j'ai vu des êtres couleur azur qui auraient pu figurer dans le film *Avatar*, discuter avec d'autres entités éthérées, aux teintes plutôt brunâtres, sur la meilleure façon de fabriquer un genre de « scaphandre physiologique » pouvant héberger des « visiteurs » célestes. *Avatar* n'était pas encore sorti en salle à l'époque, mais le scénario aurait très bien pu être inspiré de ces images loufoques où je voyais des personnages « hybrides » se constituer à partir des éléments de base : terre, feu, eau, verdure… minéraux et végétaux s'amalgamant chimiquement pour former de la matière organique et des « corps » longilignes d'apparences variées : des cyclopes recouverts d'écailles, des elfes indigo aux yeux bridés, des sirènes aux nageoires dorées…

Sans trop m'attarder sur le procédé de conception de ces innombrables créatures bigarrées, je dirais que l'important, c'est que ces âmes très évoluées semblaient avoir délibérément décidé de « s'incarner », de revêtir un corps fait de matière organique, afin de venir sur Terre observer de leurs propres yeux le chef-d'œuvre qui s'était mis en place ici-bas. Et toutes, sans exception, étaient émerveillées. De plus, si plusieurs ont eu le coup de foudre pour ce minuscule paradis planétaire, certaines consciences cosmiques ont apprécié encore plus le processus d'« incorporation » spécifique à cette expérience involutive et, même, sont tombées sous le charme de leurs partenaires d'aventure, développant un type d'« attraction charnelle » inédite pour elles.

J'oblitère volontairement les dissensions, changements de cap, guerres et destructions massives de « scaphandres terriens » s'étant succédé sur des millions d'années pour en arriver à la fatalité que nous subissons encore aujourd'hui : les âmes de passage sur la planète ont elles-mêmes fini par être soumises à l'irrémédiable attraction cosmique connue par Gaïa, et se sont retrouvées emprisonnées au cœur de notre système solaire. Pire encore, tous les confrères et consœurs, venus à notre rescousse pour nous « réveiller » et nous aider à nous souvenir de qui nous sommes réellement, ont eux aussi été affectés par le même phénomène, d'où l'importance, pour chaque être humain, de retrouver par lui-même sa véritable nature d'Être des étoiles…

Et si, pour ce faire, nous devions réhabiliter Gaïa elle-même dans son statut de soleil ? C'est ce qui expliquerait le commentaire des entités bleutées au sujet de notre « mission » sur Terre…

« Le problème, m'expliquèrent mes visiteurs nocturnes, c'est qu'en vous densifiant irrémédiablement dans la matière, vous avez oublié d'où vous venez et qui vous êtes vraiment. Le voile de l'oubli a obscurci votre conscience depuis si longtemps que votre esprit ne fait plus la distinction entre le "contenant" (votre enveloppe charnelle) et le "contenu" (l'Essence divine qui y habite). La personnalité instinctive et combative qui s'est constituée en vous au fil des millénaires a pris le dessus sur votre âme qui, reléguée à l'état de "petite voix intérieure", ne sait plus comment se faire entendre du cerveau humain, trop occupé à assurer exclusivement la survivance du corps physique.

– Mais non ! C'est n'est pas vrai, osai-je rétorquer, la majorité des gens savent qu'ils ont une âme…

– Ah oui ? Et que font-ils de cette information précieuse ? me demandèrent-ils d'une voix douce. La plupart des humains passent des vies entières à se contenter de lutter pour leur survie et celle de leur espèce. Ils accaparent les richesses de Gaïa comme si leur seule existence importait, au détriment de la nature tout entière. Et lorsqu'ils cessent d'exister sur ce plan, ils se réfugient auprès des “anges”, attendant qu’on leur trouve une nouvelle possibilité d’éveiller dans la chair des étincelles de lucidité... »

Malgré ce navrant constat au sujet de notre humanité déchue, les êtres bleus ne semblent aucunement amers ou ne semblent pas éprouver de la rancune envers nous. Au contraire, leur ton demeure neutre et sans charge émotionnelle. Pour ma part, je me sens toute petite dans mes chaussettes, ayant l’impression d’avoir contribué de manière cyclique et récurrente à cette dispersion de consciences sous-évoluées.

De nouvelles images affluent à mon esprit. Cette fois, je vois des boules de lumière s’élever au-dessus des nuages, emportant leur « enveloppe charnelle » transmutée en voile radieux et diaphane. Autour de la Terre, j’aperçois un immense halo circulaire constitué de diverses couches compactes, elles-mêmes révélant de multiples niveaux vibratoires, regroupant soit des âmes en transition ou des entités angéliques, des rayons cosmiques aux couleurs de l’arc-en-ciel, et bien d’autres présences impossibles à identifier. Les orbes lumineux traversent un à un toutes ces strates « modulatoires » et se propulsent à travers le vide sidéral pour réapparaître sous forme d’étoile aux confins du cosmos. Quel spectacle remarquable ! Sans en comprendre la raison, mon cœur bondit dans ma poitrine et des larmes de joie jaillissent de mes yeux.

« Voilà ce qui arrive quand, exceptionnellement, une âme apprend à maîtriser totalement ses pensées et ses émotions, qu’elle transcende les limites de la chair et son amour pour tous les autres êtres vivants, parvenant même à s’extirper du giron de la collectivité angélique pour découvrir le chemin qui mène à la pleine réalisation de l’Être et à son ascension au firmament.

– Je ne comprends pas... (Je suis trop chamboulée pour comprendre le sens profond de ce qui vient de m’être révélé.)

– Ces croyances spirituelles, qui te lient au monde invisible, aux anges et aux défunts, ne sont que les basses couches vibratoires entourant la planète. Elles te maintiennent dans la quatrième dimension, ce qui est à peine mieux que de patauger dans le brouillard et la confusion de la 3D, car elles t'obligent à perpétuer le cycle des renaissances à l'infini, sous prétexte que, continuellement, tu "attends" que les autres âmes (tes parents, tes enfants, tes conjoints ou tes amis) soient prêtes à s'élever dans les hautes sphères célestes en même temps que toi. Ton amour "inconditionnel" pour tes semblables – ou même pour les entités que tu "canalises" – est celui-là même qui t'emprisonne et limite tes possibilités d'évolution au-delà de ce monde ignare et infirme.

– Alors, que dois-je faire ? Comment m'en sortir ? Je me sens complètement désemparée.

– Fusionne avec ton Essence divine. Permets à la flamme universelle vibrant dans toutes tes cellules de s'embraser et de consumer complètement tous les résidus "toxiques" qui ont marqué ton histoire depuis ton arrivée sur Terre. Fais le vide en toi. Remets tes pendules internes au point zéro et, dans l'absolu, redeviens celle que tu as toujours été, de toute éternité : un soleil divin, infini et immortel !

– Wow ! En théorie, c'est bien beau tout cela, mais en pratique, je suis encore bien humaine, soumise aux règles terrestres du temps et du vieillissement. Je n'aurai jamais assez de toute une vie pour accomplir cela.

– C'est là que ton esprit limité t'empêche de dire oui à ce qu'il pourrait t'advenir, ici et maintenant, en un millième de seconde, si tu t'autorisais à te reconnaître dans toute ta splendeur. Le temps n'existe pas. Tout n'est qu'illusion, une vaste pièce de théâtre "virtuelle" où chacun joue son rôle, croyant qu'il n'a pas d'autre choix. Mais tu AS le choix ! Tout est déjà présent à l'intérieur de toi, au plus profond de toi-même. Il n'y a rien d'autre à "faire" que de dire que tu ACCEPTES que ton Essence divine occupe tout l'espace, dans ton corps, ton cœur, ton esprit et toutes tes cellules, visibles et invisibles…

– Ouf ! C'est si difficile tout ça ! Je n'y arriverai jamais !

– C'est tout simple, au contraire. Tellement simple que tu ne peux l'imaginer. Il te suffit, pourtant, de prendre une décision, si minime, si dérisoire… alors qu'elle peut tout transformer, te métamorphoser parfaitement, de l'intérieur vers l'extérieur. »

La nuit a été longue et je suis épuisée. J'ai juste envie de pleurer. Pourtant, je suis impressionnée par tout ce que j'ai vu et entendu, par tout ce qui était sous-entendu dans ce qui m'a été révélé. Mais, mon attachement à mon mari, à mes enfants, à mes projets, à ma propre vie et même à ceux qui m'accompagnent dans l'invisible me retient de faire un pas de plus. Tandis que les êtres bleus m'envoient une dernière image prodigieuse : la vue de ma propre lumière irradiant à travers tous les pores de ma peau, l'être « parfait » et sans défaut qui pourrait « éclore » en moi si je me le permettais, j'entends Serge bouger dans le lit et s'éveiller doucement, alors que les premiers rayons de soleil se pointent discrètement derrière la montagne qui, mystérieusement, a revêtu un manteau de brume à travers les ténèbres.

Au cours de la journée, je suis trop hébétée pour partager mes aventures de la nuit dernière avec mon entourage. Mes hôtes nous servant de guides à travers la région, je me suis contentée de suivre le groupe, ravie d'explorer des sites inconnus et de m'aérer l'esprit en restant concentrée sur les parcours montagneux qui me demandaient beaucoup d'efforts physiques. Mais les êtres bleus, eux, n'en avaient pas fini avec moi. Au cours de l'après-midi, alors que nous nous dirigions vers la Source salée – un ruisseau salin jaillissant de sous la terre en plein milieu de nulle part –, j'ai revu mes visiteurs éthérés se tenir debout, bien droits, de chaque côté de ce qui semblait être une porte multidimensionnelle.

Après un petit rituel de purification à même l'étroit filet d'eau émergeant de la colline, ces créatures d'un autre monde nous ont invités, le groupe et moi, à visiter en esprit leur « repaire souterrain ». En fait, il s'agissait plutôt d'une espèce de « cité transitoire », une « douane interstellaire » bourdonnant d'activités, tel un gigantesque aéroport international, sauf que les allées et venues étaient faites par des vaisseaux spatiaux plutôt que des avions de ligne. Tout comme précédemment à Ripaï, de même qu'à Telos, au mont Shasta, les maisons étaient faites de cristaux liquides transparents et des êtres pluridimensionnels parcouraient la ville en flottant sur des tapis de lumière. Or je ressentais plus d'agitation en ce lieu que sous le lac d'Annecy. Un bruit sourd, profond et répétitif, ressemblant à des rouages mécaniques, se faisait entendre en arrière-plan. Et les citoyens de cette fourmilière, constamment en mouvement, semblaient être très affairés.

N'empêche que cette visite improvisée a dû laisser une empreinte tangible sur les participants au stage, car tous ont éprouvé des sensations bizarres dans ce lieu et furent longtemps habités par les visages extraterrestres de nos accompagnateurs. L'une des participantes, mon amie Martine, a même pris le temps d'en dessiner un **(voir Illustration # 7)**.

Par la suite, nous visiterons un autre site où se trouvent, cette fois, des pierres de dimension considérable, placées en position verticale, face à face et espacées de moins d'un mètre. Tour à tour, les membres de notre groupe se placeront entre les rochers, étant invités à ressentir l'énergie particulière de l'endroit. Je sens bien qu'il s'agit d'un lieu initiatique où de nombreuses personnes sont passées avant nous, mais, pour ma part, je suis plutôt attirée « vibratoirement » par une autre zone énergétique à proximité.

N'écoutant que l'appel de mon âme, je me dirige directement dans la direction où je me sens attirée et m'arrête devant un espace rectangulaire assez étroit qui semble avoir été creusé à même le sol. Quelques copains m'y rejoignent et choisissent d'expérimenter plutôt comment l'on se sent, assis au creux de cette espèce de « cercueil ouvert ». Si certains ont l'impression de se sentir comme dans un tombeau, quant à moi, j'ai plutôt le sentiment d'être assise dans une cabine de pilotage, au volant d'un vaisseau extraterrestre. On dirait qu'il suffirait que le roc reprenne vie pour que je puisse m'envoler vers d'autres cieux… **(voir Illustrations # 8 et 9)**.

Sur le chemin du retour, passant près d'une muraille de pierres à la base d'une autre colline environnante, j'ai de nouveau entendu le même bruit de machine émanant à travers le rocher. En m'appuyant contre la paroi, je pouvais ressentir des vibrations cinétiques comme des frémissements oscillatoires provenant de l'intérieur même de la pierre. M'intériorisant pour en savoir plus, je me suis transportée en conscience au-delà de la cloison pour atterrir dans une salle aux dimensions colossales contenant, tel un laboratoire botanique, des millions de casiers transparents étiquetés dans une langue inconnue et renfermant chacun des graines, des pousses et des racines, à perte de vue. Au centre de la pièce figurait un énorme réacteur atomique *en mode* opérationnel, celui-là même qui produisait les ondes sonores si intenses.

Cette fois-ci, ce sont des êtres verts qui déambulent dans l'enceinte multidimensionnelle. Ils semblent veiller sur les végétaux en dormance tout en prenant bien soin de les maintenir en vie. Je ressens tout l'amour qui les anime pour chaque plante et pour chaque particule de vie abritée en ce lieu ou, oserais-je dire, dans cette soucoupe volante, car on dirait que le rocher tout entier est en réalité un immense vaisseau extraterrestre **(voir Illustration # 10)**.

Ce n'est que deux jours plus tard, au moment d'aller escalader le pech de Bugarach, que je recevrai plus d'explications concernant ce que je vois autour de moi et sur les êtres à la peau émeraude qui évoluent dans cet espace sacré. Notre hôtesse nous précise que le personnage de pierre figurant dans la montagne est en réalité la reine de Mu – régente de la civilisation ayant apporté sur Terre la verdure et les végétaux. Je saisis donc enfin ce que les êtres bleus voulaient me faire comprendre en m'expliquant les dangers de trop s'attacher à ses semblables ou à sa progéniture, car ces nobles âmes avaient sacrifié leur évolution personnelle et collective afin qu'une nature verdoyante et abondante puisse proliférer aux quatre coins du globe. Ce faisant, ils coupèrent définitivement tout contact avec leur galaxie d'origine et furent condamnés à se maintenir artificiellement en vie ici-bas, dans le but d'accompagner les élémentaux dans leur travail consistant à faire fleurir toutes les formes de végétation qui créent de l'oxygène pour les habitants de notre belle planète…

Leurs technologies avancées et leurs vaisseaux volants pouvaient, encore aujourd'hui, être aperçus de temps à autre, en suspens dans le ciel ou au sommet d'une montagne, à l'entrée d'une de leurs bases intraterrestres établies un peu partout dans le monde. Pas étonnant, dans ces conditions, que je me sois sentie déboussolée en présence de ces machines spatiotemporelles: mon âme aspirant à s'élever dans la lumière, j'éprouvais l'étrange sentiment de revêtir une chape de plomb lorsque je m'approchais de ces instruments, générateurs de puissantes ondes de forme.

En fait, j'étais tellement perturbée par ces machines nucléaires pullulant à l'intérieur du Bugarach que, lorsqu'est venu le moment de commencer notre ascension par la face nord du pech, je ne parvenais plus à m'orienter, ne sachant plus distinguer ma droite de ma gauche, ni le bas du haut. J'ai donc dû gravir la montagne à quatre pattes ! Pire encore, moi qui avais toujours eu de la facilité à me retrouver peu importe l'endroit que je visitais, ma boussole intérieure s'est totalement déréglée et j'en ai eu pour plus de trois mois à me perdre dans Montréal, ville que je connais comme le fond de ma poche. Ce n'est pas peu dire !

Une fois que nous avons eu atteint le sommet, le paysage a enfin cessé de tournoyer autour de moi et j'ai pu de nouveau joindre ces entités fluorescentes vivant sous terre afin de transmettre au groupe leur message rempli d'amour et de lumière. Insistant pour que nous nous engagions à préserver la nature – la faune tout autant que la flore –, le peuple de Mu nous a rappelé qu'en tant qu'individus créés par leurs ancêtres, nous étions donc leur descendance directe et devions nous appliquer à vivre en communion harmonieuse avec tous les êtres vivant sur cette Terre, et ce, dans toutes les dimensions qui existent.

À l'intérieur de moi, je me sentais écartelée entre la pertinence de ce message d'amour universel et les propos sentencieux des êtres bleus… que je n'avais pas encore révélés à personne, n'ayant pas encore anticipé l'incidence qu'ils pourraient avoir sur ma propre vie. Peut-être aussi est-ce cela qui a contribué à me faire sentir autant désemparée. Chose certaine, le peu de gens à qui j'ai osé en parler par la suite ont été tellement déstabilisés que j'ai préféré garder ces informations pour moi pendant plusieurs années,le temps de mieux les digérer et de les assimiler au-dedans de moi-même.

Plusieurs personnes ayant participé au séjour à Bugarach avaient fait le choix de se joindre en plus au stage suivant, qui avait lieu juste après et visait à aller explorer quelques châteaux cathares et autres sites sacrés se trouvant à proximité. Je n'étais pas tout à fait remise physiquement de mes « épreuves » des derniers jours, mais j'étais ouverte à risquer de nouvelles expériences, sentant que cette belle région montagneuse n'avait pas fini de livrer ses multiples secrets.

Aussi, quel ne fut pas mon ravissement de découvrir un lieu enchanteur, situé au milieu d'escarpements pouvant faire frémir d'angoisse le moindre individu affecté par le vertige : les gorges de Galamus. Les routes menant à cet ermitage, en périphérie du village de Saint-Paul-de-Fenouillet, sont bordées de falaises abruptes et s'avèrent tellement étroites que, lorsqu'on y croise une voiture, il faut parfois reculer de plusieurs mètres pour la laisser passer. Néanmoins, la petite chapelle, dissimulée sur un promontoire en surplomb d'une rivière émeraude, vaut indubitablement le déplacement, même si « covoiturer » une vingtaine de personnes dans des virages serrés relève de l'exploit, même pour un conducteur des plus expérimentés.

N'étant au volant d'aucune voiture, j'ai amplement profité de la vue exceptionnelle sur les gorges et j'ai été ravie d'apercevoir la première le petit ermitage situé au bas d'une volée de marches biscornues. Comme il n'y avait aucun autre visiteur à part nous, le gentil monsieur responsable de cet emplacement chrétien nous a fait la faveur de nous laisser monter au jubé de l'église, d'où nous avons pu observer l'énergie lumineuse émanant du fond de la chapelle. Celle-ci avait été aménagée dans une caverne naturelle, probablement creusée par le ruissellement des rivières souterraines qui, encore aujourd'hui, suintaient sur les murs de l'oratoire.

Un bassin derrière l'autel recueillait l'eau vive qui, lorsqu'on s'approchait de plus près, émettait un rayonnement cristallin nous assurant de la pureté de la source alimentant ladite cuvette.

Je n'ai donc été guère étonnée que le régisseur du lieu nous raconte que des gens parcouraient des centaines de kilomètres pour venir chercher cette eau aux propriétés curatives, voire miraculeuses. Je ne me serais pas hasardée à en boire. Des algues et d'innombrables pièces de monnaie tapissaient le fond du réservoir. Malgré cela, j'ai tout de suite senti, en y trempant la main, les pouvoirs guérisseurs de ce liquide admirable.

De plus, une aura de sainteté entourait la chapelle. Et de nombreuses entités amicales nous honoraient de leur présence. C'est pour toutes ces raisons que j'ai proposé au groupe qui m'accompagnait de nous intérioriser pour accueillir les vibrations purificatrices existant dans ce sanctuaire et profiter des bienfaits que les êtres de lumière auraient envie de faire pleuvoir sur nos têtes. Tandis que l'une des participantes, Marie, est demeurée au jubé afin de prendre des photos, nous nous sommes rassemblés autour de l'autel et avons entamé tous en chœur un chant d'allégresse faisant retentir notre joie et notre gratitude… qui rebondissait à perpétuité sur les murs de pierre.

Lorsque Marie est venue nous rejoindre dans la nef, je me suis approchée avec elle de l'autel et, lui prenant les mains, je l'ai invitée à son tour à ressentir l'enveloppante énergie de guérison résidant sur place. Au même instant, mon organisatrice a eu l'intuition de nous prendre toutes les deux en photo et, ô stupeur, mes amis les êtres bleus se sont dévoilés sur ce cliché unique en son genre (sur les prises précédentes et suivantes, il n'y avait plus rien) ! **(voir Illustration # 11)**.

Comme par « hasard », les extraterrestres ressemblaient fidèlement au dessin que ma copine Martine avait griffonné quelques jours plus tôt à la Source salée. Mais, surtout, ces divines créatures s'assuraient ainsi que je ne puisse « douter » de leur existence ni des messages reçus au cours des nuits précédentes ! Le monsieur à l'accueil n'était lui-même que peu surpris par cette photo abracadabrante. Il en a profité pour nous montrer plusieurs autres photographies curieuses mettant en vedette toutes sortes de silhouettes lumineuses : des orbes, des fées et des rayons colorés de provenance inconnue.

Décidément, ce séjour dans l'Aude allait indiscutablement transformer ma vision du monde invisible et, par le fait même, changer ma vie !

Chapitre DOUZE

Jésus, un homme comme les autres ?

Le premier château cathare que nous avons visité le lendemain est fort probablement le plus connu de tous : Montségur. Il s'agit de celui où, en 1244, non moins de deux cents personnes furent brûlées vives au nom de leur foi. Il y a tant de monde qui, au fil des siècles, a fureté dans cette forteresse qu'il s'avère quelque peu ardu d'entrer en contact avec les vibrations originelles du lieu.

Il nous apparaît évident, cependant, que le bûcher fut plutôt érigé dans les champs au pied de la colline, car plusieurs personnes de notre groupe ont pu sentir, à travers la brise fragile, une odeur persistante de « roussi »… bien avant de commencer à gravir les marches menant à ce « nid d'aigle » juché au sommet. S'il est dit que les cathares entrèrent dans les flammes en chantant, heureux d'aller retrouver leur Dieu aimant et victorieux, une certaine tristesse règne encore aux alentours de la guérite de l'accueil, sans doute alimentée par les passants empreints de compassion.

Après avoir grimpé d'innombrables volées de marches sous les rayons accablants du chaud soleil d'été, nous arrivons enfin à l'intérieur des murs du château fort. Ici, tout est désert : seules les murailles extérieures tiennent encore debout ainsi qu'une partie du bâtiment principal. Difficile d'imaginer que quatre cents villageois résidaient en permanence dans cette citadelle mesurant soixante-dix mètres de long sur seulement vingt mètres de large !

En me connectant aux pierres des murs, j'ai très peu d'images qui montent en moi, comme si toutes traces concrètes du passé avaient été effacées dans la forteresse. Pourtant, la « vie » est toujours présente. Lorsque nous nous sommes intériorisés, nous avons clairement senti que des entités lumineuses y résidaient encore aujourd'hui. Sur les photos, on voit d'ailleurs distinctement des volutes d'énergie violette tourbillonner au-dessus de nous tandis que nous explorons la cour intérieure... **(voir Illustration # 12)**.

Comme, en plus, nous avons la chance d'avoir avec nous un passionné de l'histoire cathare, celui-ci en a profité pour nous faire un récit détaillé de la vie des « parfaits » – ou des « bonshommes », comme on les appelait à l'époque – aspirant à atteindre la pureté parfaite de l'âme par un retour à une existence des plus simples et dépouillées. Quel contraste avec la présomption d'hérésie décrétée par l'Église catholique qui, au fond, ne cherchait qu'à s'approprier leurs biens et à accaparer leur « pseudo » trésor qui, dit-on, aurait entre autres inclus le Saint-Graal, la coupe dans laquelle Jésus aurait bu la veille de sa crucifixion.

Bien entendu, après que tous les châteaux aient été détruits et que les cathares exterminés, aucun coffre rempli de pièces d'or ni aucun objet de valeur n'ont jamais été retrouvés. Et même si plusieurs prétendent que certains adeptes auraient réussi à s'enfuir hors de la France pour aller cacher leur précieux butin ailleurs, nul magot n'a jamais refait surface, même au bout de sept cents ans. Quelques rumeurs ont bien circulé, vers la fin du XVIIIe siècle, au sujet d'un trésor trouvé à Rennes-le-Château par un curé du nom de « Saunière », mais hormis le fait que ce dernier ait joui d'une obscure fortune assez considérable pour rénover entièrement son église, une tour consacrée à Marie-Madeleine et quelques villas environnantes, aucun indice ne relie officiellement ces deux récits historiques.

Pour ma part, en interrogeant la *Bible des Âmes*, j'ai plutôt perçu que, dans les deux cas, les « trésors » concernaient d'importants écrits religieux se rapportant à la vie de Jésus et à ses enseignements spirituels, ce qui m'a d'ailleurs été confirmé dès le lendemain, lors d'une excursion à Puivert, situé à quelques kilomètres de Montségur.

Si le château de Montségur a été laissé à l'abandon après les tristes événements disgracieux du XIIe siècle, celui de Puivert a, pour sa part, connu une phase de faste et de renouveau avec l'engouement des Francs pour les troubadours, les fêtes et les tournois de chevaliers. L'atmosphère y est grandement plus légère et la visite, nettement plus agréable.

Quoique les reconstitutions d'époque ornant le logis seigneurial et la « salle des musiciens » soient vraiment intéressantes à contempler, c'est seulement dans la chapelle du donjon que des énergies particulières se sont manifestées de manière tangible. Alors que je me reposais un instant, fatiguée d'avoir grimpé les trois étages de l'escalier en forme de colimaçon, j'ai entendu la douce voix d'une belle dame éthérée qui s'est présentée à moi sous le nom d'« Éléonore d'Aquitaine ».

Ne connaissant que très peu de chose de l'histoire de France, ni de celle du château, j'avoue avoir été quand même surprise, car les panneaux à l'entrée mentionnaient plutôt une certaine « Aliénor d'Aquitaine », tour à tour reine de France et d'Angleterre au XIIe siècle. Néanmoins, celle-ci insiste : elle me confie avoir passé beaucoup de temps ici, à Puivert, et m'invite à réunir les membres du groupe, car, dit-elle, elle a quelque chose d'important à nous dire.

Environ une demi-heure plus tard, après que les derniers touristes ont terminé leur visite, nous nous sommes donc rassemblés sous un auvent, dans ce qui ressemblait à une ancienne taverne, où des chaises avaient été empilées dans un coin. Comme par hasard, il y en avait suffisamment pour que nous puissions tous nous asseoir. Juste avant d'amorcer mes explications au sujet de l'entité qui souhaitait nous parler, j'ai mentionné au groupe mes interrogations sur son identité – puisque le nom « Éléonore » ne m'était pas familier. Cela devait être une façon pour elle de me convaincre qu'il n'y avait aucune erreur sur la personne, car notre ami historien s'est empressé de me préciser qu'il s'agissait bien, en réalité, de son prénom de baptême, celui-ci ayant été modifié beaucoup plus tard, lors de son accession au trône **(voir Illustration # 13)**.

Pour être certain de ne rien oublier de ce moment exceptionnel, mon mari a mis en marche l'enregistreur de son téléphone portable, et c'est donc avec beaucoup d'estime pour cette dame d'une grande sagesse que je retranscris ici l'intégralité de son message :

« Permettez-moi de vous raconter une histoire, une histoire non pas comme on la trouve dans les livres, mais une histoire qui est une expérience de vie pour plusieurs de mes contemporains.

» Bien avant que les cathares soient connus sous l'appellation *cathares* ou sous le terme *hérétiques*, tels que perçus par les communautés environnantes, ils avaient à la base un esprit commun : un grand désir d'élévation et de pureté. Parmi les érudits de l'époque, certaines personnes, ayant fait un saut de l'autre côté de la Méditerranée, avaient rapporté des écrits, des textes qui ont par la suite été traduits et, dans ces textes, nous retrouvions l'essence de la parole des Évangiles, mais surtout l'esprit d'un apôtre en particulier, celui que l'on nomme "saint Jean".

» Il a été raconté à l'époque que saint Jean était le seul parmi les évangélistes à avoir véritablement connu le maître Jésus lors de son passage sur terre. Dans leur recherche de pureté et d'élévation de l'âme, ceux et celles qui avaient foi en un avenir meilleur se sont attachés à vouloir intégrer dans leur vie quotidienne les messages de cet Évangile, les préceptes à l'origine même de la chrétienté. Ces préceptes, vous les connaissez, il s'agissait de l'humilité et de la vérité. Ils nous invitaient, nous interpellaient à demeurer "dans le cœur", dans l'ouverture à l'autre. Il a été dit que certains pratiquaient la chasteté absolue, mais en fait, ce qui était prêché, c'était le respect du cœur comme temple de l'Esprit. Cet Esprit que nous vénérions était celui qui a été transmis à la Pentecôte, celui dont s'étaient emparés les prêtres et l'Église, prétendant être les seuls à pouvoir "dispenser" la grâce.

» Or, à travers ces textes que nous avions reçus, qui avaient été préservés sans avoir été soumis à la censure de l'Église, nous avons reconnu les vrais enseignements, ceux qui prônent l'égalité, la solidarité, la fraternité, la bonté, mais surtout l'ouverture à Dieu présent dans chacun et chacune. Cet Esprit s'est répandu, a été partagé. À cette époque, il n'y avait pas de structures, il n'y avait pas de châteaux forts, il n'y avait que les êtres humains en quête de la vérité qui transforme. Nous étions entourés d'hommes et de femmes en quête de la grâce divine, de l'amour de Dieu, d'un cœur à cœur avec le passé évangélique.

» Peu à peu, les écrits ont été analysés, sondés, réfléchis et certains ont à leur tour essayé d'instaurer d'autres règles, d'autres dogmes. Ils ont créé, dans leur désir d'élévation, une tour d'ivoire autour d'eux-mêmes. Ces êtres, qui aspiraient à goûter la plénitude divine, ont fini par croire que seul l'Esprit était bon et que la chair était mauvaise, car elle entraînait la "chute", empêchait la pleine maîtrise de l'Esprit.

» D'un côté, il y avait donc la pratique chrétienne officielle reconnue et de l'autre, ceux qui se sont instaurés à leur tour comme détenteurs de la vérité, faisant de leur mieux pour se dépasser, se réunissant autour de nouveaux dogmes, devenant solidaires... pour ensuite se retirer peu à peu du monde afin de s'exclure de la tentation et de la chute. S'ils étaient demeurés connectés à l'Esprit de l'Évangile, ils auraient su que tout est bon et que tout est juste en ce monde, mais en voulant prendre du recul, en devenant à leur tour une structure, une religion, ils ont adopté une position dogmatique et extrémiste, ce qui leur a valu des représailles de l'Église.

» De la même façon, par la suite, les troubadours qui ont vécu en ce lieu se sont eux aussi campés dans une position radicale, mais tout à l'autre bout du spectre. À leur propre manière, ils ont vénéré l'amour humain, divinisant le corps de la femme et recherchant, dans les jeux de séduction, un lien vers la plénitude du soi. Tout comme les cathares, ils avaient une vision limitée de l'amour : les premiers prêchant l'abstinence et les autres, l'excès… plutôt que le véritable équilibre entre l'âme ET la chair !

» Dans l'Évangile de Jean, il est écrit que c'est vraiment dans l'amour des uns et des autres que nous retrouvons le chemin vers le divin : c'est dans l'amour de "soi", dans le respect de nos besoins, de notre liberté, de nos choix et de ce corps qui nous a été prêté que nous trouvons le contact du retour à l'origine de qui nous sommes réellement.

» Vous qui aspirez à connaître les cathares, il va de soi que vous cherchez à goûter cet absolu qu'est l'amour divin présent en toute chose, présent dans toute vie ; non pas dans le sacrifice, l'abstinence et le refus de soi, mais bien par l'ouverture aux autres, par la fusion de cœur à cœur entre humains, entre frères et sœurs… non seulement en tant qu'hommes et femmes, mais en tant que frères et sœurs solidaires, poursuivant les mêmes buts, recherchant à atteindre le même paradis, aspirant à goûter le bonheur à chaque instant.

» Nombreux sont ceux qui ont recherché des trésors, croyant que ce qui pouvait mener à la joie était la "possession", les avoirs de ce monde, les richesses illusoires des grands seigneurs. En vérité, ce que les cathares ont tenté de protéger, ce sont les textes d'origine, ceux qui n'avaient pas été retouchés, ceux qui n'avaient pas été censurés et qui présentaient les paroles de celui que vous appelez le "Messie" et qui nous invitaient à retrouver l'amour, qui nous expliquaient que de vie en vie, d'existence en existence, nous poursuivons toujours ce même but, cette même quête de faire l'équilibre entre l'humain et le divin en nous-mêmes.

» Cette vérité, vous la retrouvez aujourd'hui. De plus en plus de gens parlent de loi universelle. Ce que vous appelez la "loi d'attraction", de manifestation, c'est tout simplement l'incorporation de l'Esprit divin dans la chair, c'est l'élévation de l'âme au point où l'on goûte enfin totalement à la plénitude divine qui permet de créer, d'attirer à soi le meilleur. Il ne suffit point de penser, de réfléchir ou de faire des choix, mais bien de retrouver la paix et la joie, de nous laisser remplir de l'amour de Dieu et de savoir que Dieu ne veut que notre bonheur à chaque instant.

» Lorsque vous en êtes convaincu, lorsque vous retrouvez ce lien privilégié avec votre Père, que vous laissez l'Esprit divin habiter toutes vos cellules, vous créez en vous une alchimie puissante qui libère votre côté créateur et fait en sorte que tout ce que vous aspirez à créer, à matérialiser, à concrétiser dans votre vie, puisse se faire dans la simplicité et la joie, qu'il n'y ait plus de dualité, qu'il n'y ait plus de recul, qu'il n'y ait plus de vide en nous-mêmes. .

» Peu nombreux sont ceux qui ont réussi à atteindre cet état. Vous êtes à une époque privilégiée où tous ces secrets sont désormais révélés au grand jour, et de plus en plus d'êtres humains sont prêts à faire les choix qui transformeront ce monde dans lequel vous vivez.

» C'est pourquoi il importe non point d'essayer de fusionner avec l'Esprit cathare ou de fusionner avec l'Esprit des troubadours, mais plutôt de vous ouvrir à l'Esprit de Dieu pour qu'il déverse sur vous l'amour infini de votre part céleste, qu'il vienne guérir votre chair souffrante, qu'il vienne vous libérer de votre sentiment de séparation afin que vous puissiez faire un avec la Terre sous vos pieds, avec la vie sous toutes ses formes... et que vous apportiez avec vous partout où vous allez ce rayonnement, cette lumière qui éveillera tous ceux et celles dont l'âme aspire à goûter à cette plénitude à leur tour. »

Ainsi, les cathares, tout comme les prêtresses d'Irlande, étaient eux aussi polarisés dans un extrême. Et la grande loi de l'univers voulant que « les autres nous traitent comme nous nous traitons nous-mêmes » se vérifiait encore une fois, puisque ceux-ci, « dénigrant » leur propre chair, ont péri en voyant leur « chair » soit transpercée par l'épée ou brûlée vive. En voulant se « sacrifier » pour Dieu, ils ont été « sacrifiés » à leur tour par leurs semblables. Difficile d'y voir autre chose que le juste retour du balancier, une fois de plus… Pas étonnant que je m'investisse autant à rechercher l'équilibre à chaque instant dans ma propre vie et à l'enseigner autour de moi par tous les moyens disponibles !

Alors que je m'apprêtais à inspirer profondément pour couper ce contact privilégié avec Éléonore tout en la remerciant pour ce discours avisé, quelqu'un de l'assistance brisa le silence qui nous entourait en lui adressant une question précise : « Qu'en est-il de l'empreinte de Marie-Madeleine dans les châteaux cathares ? »

L'entité poursuivit avec douceur :

« Tout comme le Christ, Marie-Madeleine était une grande initiée. Quand elle est venue ici, en France, ce que vous appelez la "France", elle portait en elle le désir profond de faire communier les hommes et les femmes au message d'amour de Jésus, son bien-aimé.

» Elle a fait une longue route et a laissé très peu de traces de son passage, quoi que l'on vous dise à ce sujet. Elle s'est faite discrète, se sachant menacée et pourchassée. Elle s'est mêlée aux hommes et aux femmes de son temps pour vivre avec eux, non pas en prêchant et en enseignant comme l'avait fait son amoureux, mais bien en demeurant un témoignage vivant, vibrant de tout ce qu'elle avait vécu, de tout ce qu'elle avait compris, reçu, de tout ce qu'elle avait intégré dans son âme et dans sa conscience.

» Ce qui fait que tant d'entre vous se sentent interpellés par l'énergie de Marie-Madeleine, c'est qu'elle représente aux yeux de plusieurs le féminin sacré, la femme qui retrouve enfin sa dignité, sa pureté virginale, celle qui peut être considérée comme l'égale de l'homme et qui peut ouvrir la voie menant au cœur, aux sentiments, à l'âme dans son essence la plus pure.

» De cette femme humble, courageuse et généreuse, vous avez fait un archétype, vous l'avez élevée à un rang dont elle-même rougirait si elle entendait certaines paroles qui sont prononcées à son sujet. En réalité, l'esprit de Marie-Madeleine se retrouve tout simplement dans l'énergie des cathares, mais aussi dans la plupart des Occitans qui manifestent une grande considération pour la femme dans son essence, sa grâce et son ouverture de cœur.

» Cette gracieuse présence féminine, nous pourrions la retrouver dans bien des femmes, dans bien des figures de l'Histoire ; elle évoque le besoin de retourner aux sources, le besoin primordial de revenir à l'Esprit divin, celui qu'on appelle l'Esprit saint. Et, puisque Marie-Madeleine fait partie des personnages féminins qui sont les plus proches de cet Esprit qui n'est ni Père ni Fils, l'énergie de Marie-Madeleine nous invite tous à goûter à l'équilibre, à l'harmonie entre le féminin et le masculin en “soi”… et à réaliser que cet Esprit perdure encore aujourd'hui. »

Je comprends au plus profond de moi-même que Marie-Madeleine tout comme Marie, mère de Jésus et, avant elle, Isis, Ishtar ou même Brigit fascinent l'imaginaire humain parce qu'elles correspondent à un « idéal » féminin. Elles font écho à notre espoir millénaire de retrouver le divin en nous-mêmes, par la communion avec la grâce, la « réceptivité » à la plénitude et à l'amour universel. Plus encore, avec toutes les suppositions entourant le passé de Marie-Madeleine – associée par plusieurs à la « pécheresse » des Évangiles –, de nombreux chrétiens, à travers elle, aspirent à jouir à leur tour de la rédemption, du « pardon » divin. Ils espèrent que Dieu lui-même saura leur apporter la paix du cœur et l'absolution qu'ils ne parviennent pas à s'accorder à eux-mêmes.

Cela explique le besoin pour les cathares de « purifier la chair », de vivre dans la pauvreté, la chasteté et le dévouement absolu afin de « mériter » le ciel à la fin de leurs jours. Un extrême en attirant un autre, tout comme en Irlande, l'énergie de cette région de la France a par la suite basculé à l'autre bout du spectre avec l'avènement des troubadours qui, à l'opposé, célébraient et glorifiaient la chair, la sensualité féminine et les sentiments amoureux…

Parlant d'amoureux, les allusions d'Éléonore au fait que Jésus soit le « bien-aimé » de Marie-Madeleine ne me surprirent guère, ayant maintes fois auparavant ressenti qu'ils formaient bel et bien un couple uni, au vu et au su de tout leur entourage. Dans une vision que j'ai reçue, il y a de cela quelques années, j'ai même « vu » qu'ils avaient eu des enfants ensemble…

Cela s'est produit lors d'une visite dans un petit village provençal situé au bord de la Méditerranée. L'église des Saintes-Maries-de-la-Mer a cette particularité qu'il est possible d'accéder au toit de la chapelle pour s'y promener et apercevoir la mer. La légende locale affirme que les trois « Marie » des évangiles – Marie-Madeleine, Marie Salomé et Marie Jacobé – seraient arrivées en ce lieu dans une barque « sans voiles ni rames, seulement poussée par l'Esprit saint », et qu'elles auraient été accueillies par Sarah, dite « Sarah la noire », qui devint la servante des deux dernières et ne les quitta plus jusqu'à leur mort. Encore aujourd'hui, sainte Sarah est honorée partout en Camargue et vénérée plus particulièrement en tant que « patronne » et protectrice de la communauté gitane.

Or, pour ma part, ce n'est pas une barque qui m'est apparue près du rivage, mais plutôt de grands navires munis de plusieurs voiles et de nombreux canots, que les marins se sont empressés de mettre à l'eau pour permettre à des centaines de personnes de s'approcher de la plage. Outre les trois Marie, de nombreux disciples de Jésus ainsi que plusieurs membres de leur famille les accompagnaient, dont Marthe, Lazare, Nicodème et Joseph d'Arimathie. Parmi eux, il m'a semblé que ladite Sarah faisait partie du voyage et que l'enfant agée d'une douzaine d'années, n'avait en rien la peau foncée, mais avait plutôt la tête recouverte d'un large voile noir pour dissimuler ses longs cheveux roux…

Il est aisé de supposer que, à la suite de la crucifixion, les partisans du Christ aient été menacés de représailles de la part des soldats romains et qu'une fuite vers le nord, sur un autre continent, s'avérait fort probablement la seule solution envisageable. De plus, comme la famille proche de Jésus devait sans doute faire l'objet de recherches intensives, il ne m'apparaît guère étonnant qu'on ait voulu protéger Sarah, facilement identifiable par les chauds reflets cuivrés de son abondante chevelure. Ainsi, l'enfant de Jésus et de Marie-Madeleine aurait passé pratiquement toute son existence revêtue de ce voile dissimulant son identité et ses origines, d'où son surnom de « Sarah la noire ».

Cependant, ce qui m'a vraiment interpellée par-dessus tout durant cette vision, c'est que Marie-Madeleine me paraissait être enceinte, sur le point d'accoucher. Quand elle descendit de la barque, j'ai eu l'impression qu'elle avait peine à marcher tellement son ventre arrondi lui pesait. Les mirages défilant devant mes yeux me l'ont ensuite montrée accouchant d'un garçon et s'empressant de confier celui-ci à Joseph d'Arimathie afin que, pour mieux le protéger, il l'emmène jusqu'en Grande-Bretagne.

Sous le regard triste des trois Marie et de tous leurs amis rassemblés sur la plage, plusieurs femmes ne pouvant s'empêcher de verser quelques larmes, les grands voiliers emportant Joseph et le nourrisson prirent la mer à peine une semaine plus tard. Sur le pont de l'un des navires, ma dernière image du parrain et de l'enfant fut celle de Joseph d'Arimathie, portant le bébé emmailloté sur son cœur, occupé à écrire une lettre à sa tendre conjointe, Viviane, lui racontant les événements des dernières semaines, lui annonçant son retour prochain en compagnie de ce petit être si précieux, et terminant sa missive en la marquant d'un sceau celte aux symboles tant mystérieux qu'inconnus.

Peu de temps après, je vis Marie-Madeleine partir de son côté, confiant à son tour sa fille Sarah à sa sœur Marthe et aux deux Marie qui, elles, avaient décidé de s'installer dans la région. Tandis que, pendant ce temps, les apôtres cheminaient vers la ville de Rome, espérant faire reconnaître leur nouvelle « religion » par les autorités, et que d'autres communautés chrétiennes s'installaient plus à l'est, du côté d'Antioche, les disciples arrivés par bateau au nord de la Méditerranée se mirent plutôt en route deux par deux, comme leur avait demandé leur maître, afin d'aller transmettre à travers la Gaule son message d'amour et ses lumineux enseignements.

Ceux-ci s'appliquèrent, de père en fils, à demeurer très fidèles aux préceptes de Jésus. Et, bien que n'ayant jamais été « endossés » par l'Église officielle et ayant plutôt été souvent pourchassés parce qu'ils « dérangeaient » les prêtres et les instances ecclésiastiques, ces « nomades » préservèrent selon moi l'esprit christique mieux que de nombreux chrétiens de l'époque... ou même du monde moderne. Au fond, en choisissant de vivre la simplicité, le partage et l'absence de « possessions matérielles », ils furent sans doute les ancêtres des bohémiens tels que nous les connaissons aujourd'hui.

Reprenant contact avec la réalité qui m'entoure, alors que mes yeux se posent sur la personne m'accompagnant sur le toit de l'église des Saintes-Maries-de-la-Mer, des doutes m'envahissent à propos de ce récit invraisemblable concernant la progéniture de Jésus et de Marie-Madeleine. Comment se fait-il que nous n'en ayons jamais entendu parler ? Je comprends qu'on ait voulu les protéger et préserver leur anonymat, de crainte qu'ils soient trucidés à leur tour, mais comment des centaines de chrétiens et de prélats romains ont-ils pu occulter toute cette partie de l'Histoire, si elle s'est vraiment produite ?

Au fond de mon cœur, je sens qu'il en est de même pour tout ce qui permettrait aux humains de reconnaître fondamentalement leur nature divine. Si Jésus est l'unique fils de Dieu, nous lui devons une adoration absolue. Si nous croyons que la réincarnation n'existe pas et que nous n'avons que cette vie-ci pour nous « parfaire » aux yeux de notre Créateur, il devient plus aisé de nous « manipuler » pour nous obliger à suivre des règles de « sainteté » précises. Si les valeurs de détachement et de partage observées au nom du Christ par les gitans sont dénigrées, leur témoignage de paix universelle n'a plus aucune valeur... Et ainsi va le monde dans son inclinaison la plus bassement matérialiste !

Un soupçon d'incrédulité subsiste quand même dans mon esprit, mon côté rationnel étant encore souvent en lutte contre mon intuition, aussi, j'ai imploré ma famille d'âmes de m'envoyer un signe concret m'assurant que je n'avais pas « halluciné » tout cela. « Pour me prouver que je n'ai pas rêvé, ai-je prié le ciel, je vous demande de faire en sorte qu'un gitan croise ma route d'ici la fin de la journée... »

N'ayant jamais eu l'occasion de rencontrer des romanichels à ce jour, je me disais que cette confirmation estomperait mes appréhensions, mais c'était sans savoir que la majorité des gens du village avaient des origines bohémiennes... Qu'à cela ne tienne, autant faire dans l'indéniable cliché pour me convaincre : la première personne qui a croisé ma route au sortir de la chapelle était une gitane diseuse de bonne aventure voulant me lire les lignes de la main !

Si les participants au stage dans les châteaux cathares ont bien ri lorsque je leur ai raconté mon aventure à Saintes-Maries-de-la-Mer, les questions ont bien vite fusé de toutes parts :

« Que s'est-il vraiment passé après la résurrection ? Jésus est-il venu rejoindre sa famille en France ?

– Je ne crois pas, ai-je répondu, un peu déconcertée. Je sens que son corps avait atteint un tel niveau vibratoire qu'il s'est élevé dans les dimensions supérieures et, s'il est venu à la rencontre de ses proches, c'était plutôt dans sa forme lumineuse, " transfigurée"...

– A-t-il eu d'autres enfants avec Marie-Madeleine ?

– J'ai l'intuition qu'il a eu un autre fils, un peu moins âgé que Sarah, mais que celui-ci est plutôt demeuré auprès de son parrain, Simon-Pierre, suivant le reste des apôtres en direction de Rome. Mais j'ai aussi vu que Marie-Madeleine avait eu un fils avec son premier mari, Jean-Baptiste, et que celui-ci serait en réalité Jean, le disciple bien-aimé de Jésus. Cela expliquerait que, pour sa protection – sachant que Pierre partirait de son côté avec le cadet et que Marie-Madeleine quitterait la Judée par voie de mer avec sa fille et son enfant à naître –, Jésus ait pris le temps, sur la croix, de confier son fils adoptif à Marie, l'auteure de ses jours, d'où la phrase célèbre : « Mère, voici ton fils. Fils, voici ta mère. » Je crois qu'il affirmait ainsi que Jean faisait désormais officiellement partie de *sa* famille...

Les gens qui m'entouraient paraissaient stupéfaits d'entendre de telles choses. Il est vrai que, moi-même, je n'avais jamais trouvé de confirmation au sujet de ces informations incongrues dans aucun livre. Et que j'avais longuement jonglé et médité sur la question avant d'oser partager ces « connaissances », reçues en canalisation de la bouche même de Gaïa.

Ces révélations enflammaient les esprits, et les discussions allaient bon train dans le groupe :

« Où Marie-Madeleine est-elle allée lorsqu'elle a quitté la Camargue ?

– Qui sait ? ai-je répliqué. Les hypothèses sont nombreuses...

– Certains affirment qu'elle se serait installée sur la colline de la Sainte-Baume où elle aurait terminé sa vie dans une grotte à l'écart du monde, expliqua une dame du groupe.

– Je crois plutôt qu'elle s'est rendue dans la région de Rennes-le-Château, de préciser une autre participante. Il semblerait que l'abbé Saunière ait retrouvé ses écrits et qu'il ait fait fortune en les vendant au Vatican.

– On a retrouvé sa trace jusqu'au nord de Toulouse, renchérit une troisième personne. Grande guérisseuse essénienne, elle aurait plutôt tenu un petit dispensaire de potions et d'herbes aromatiques aux propriétés curatives en banlieue d'Albi...

– Que c'est captivant tout cela ! a commenté mon organisatrice. Et si nous proposions l'automne prochain une nouvelle balade initiatique pour tenter de "retracer" ensemble les pas de Marie-Madeleine ? »

L'enthousiasme du groupe est à son comble. « Pourquoi pas ? ai-je dit en sollicitant d'un clin d'œil l'approbation de mon amoureux. Ça pourrait être intéressant ! »

Or les participants n'en avaient pas fini pour autant avec moi :

« Et qu'est-il arrivé au fils de Jésus après que Joseph d'Arimathie l'a amené en Grande-Bretagne ?

– Se pourrait-il, bafouillai-je en hésitant, que son parrain se soit appliqué à cacher cet enfant jusqu'à ce qu'il soit en âge de marcher dans les traces de son père ? Serait-il possible que Joseph d'Arimathie ait vraisemblablement été un grand prêtre celte et qu'il ait porté un titre de noblesse bien connu à travers les âges ? Et s'il s'agissait en réalité de Merlin l'Enchanteur… et que le dernier fils de Jésus ait été à l'origine de la légende du roi Arthur ?

– Mais l'histoire de la Table ronde n'a-t-elle pas eu lieu au Moyen Âge ? de demander l'un des participants.

– Les historiens eux-mêmes contestent ce récit, s'approchant plus, selon eux, d'un mythe que d'une réelle figure historique, ai-je précisé. En fait, l'on ne sait même pas si le roi Arthur a réellement vécu, soit en Angleterre ou en Bretagne ! Certaines régions de ces deux pays – Tintagel et Brocéliande – prétendent avoir été le théâtre de ces événements allégoriques et en revendiquent l'exclusivité, mais, en même temps, il est aussi écrit que l'île d'Avalon aurait disparu dans les brumes du temps plusieurs siècles auparavant.

– Comment faire la part des choses ?

– L'important, c'est d'écouter son cœur ! Peu m'importe de distinguer la réalité de la fiction, l'essentiel demeure ce que cela nous fait ressentir en dedans. Pour ma part, il me semble que c'est beaucoup plus logique d'imaginer qu'Arthur, fils de Jésus, ait voulu retrouver sa famille, son “sang réel” plutôt que le “Saint-Graal”, une coupe de terre cuite ayant appartenu plutôt au Christ et étant dotée de mystérieux pouvoirs surnaturels… »

La plupart des gens de mon entourage acquiescèrent d’un hochement de tête, tandis que plusieurs se mirent à rire de bon cœur… Une autre question pertinente jaillit de l’assemblée :

« Est-ce que tu crois que les cathares étaient au courant de tout cela ?

– Je ne sais pas précisément ce qu’il y avait dans les écrits de saint Jean, mais il est certain que l’esprit cathare s’inspirait des mêmes préceptes observés par les gitans et les premières communautés chrétiennes. Ils souhaitaient revenir aux valeurs essentielles d’amour inconditionnel, de dépouillement volontaire et d’élévation de l’âme sans devoir passer par l’intercession de qui que ce soit…

– Dommage que nous ne puissions mettre la main sur ces précieux documents, d’ajouter une participante.

– Saint Jean résidait sur l’île de Patmos, en Grèce, lorsqu’il rédigea l’Apocalypse, mentionna mon organisatrice. Peut-être que si nous allions visiter la célèbre grotte où il demeura jusqu’à la fin de sa vie, nous pourrions en apprendre davantage sur lui et sur l’histoire des descendants de Jésus ?

– Quelle excellente idée, ma chère ! »

Tous les membres du groupe approuvèrent d’emblée cette proposition enlevante et si, dans les faits, peu d’entre eux se joignirent à nous pour ce voyage exotique, la suggestion de mon organisatrice s’avéra très positive pour la suite de mon évolution personnelle.

Chapitre TREIZE

Qui peut faire des miracles?

Cinq mois plus tard, me voilà donc de retour à Saintes-Maries-de-la-Mer, cette fois entourée d'un groupe d'une dizaine de personnes. Si plusieurs faisaient partie de la balade dans les châteaux cathares, quelques autres, ayant entendu parler de nos expériences hors du commun lors de notre passage sur des sites énergétiques, ont eu envie de se joindre à nous. Il nous paraissait normal, puisque nous souhaitions retracer les déplacements de Marie-Madeleine en France, de débuter par l'endroit où elle avait en tout premier lieu posé le pied.

Sur le toit de l'église, j'ai de nouveau entrepris de raconter, pour les nouveaux venus, la vision que j'avais eue quelques années auparavant. Au fil du récit, toutefois, des éléments inédits se sont ajoutés au *puzzle*:

«Alors que les trois Marie s'embarquaient sur la mer et que la mère de Jésus partait de son côté avec saint Jean, certains apôtres, dont Simon-

Pierre, André, Matthieu et Thaddée, choisirent de se rendre dans la capitale romaine en compagnie de Joshua, fils légitime du Christ âgé de moins de dix ans. Pierre ayant la garde officielle de son filleul, celui-ci le suivait comme son ombre et le tenait en adoration béate. Ses acolytes, quant à eux, n'étaient guère enchantés de devoir s'occuper d'un garçonnet, haut comme trois pommes, qui ne parvenait ni à marcher au même rythme qu'eux ni à comprendre le sens profond des discussions qui les animaient.

» Ainsi, il y avait dissension dans le groupe : si l'un d'entre eux craint que la présence à leurs côtés du fils d'un condamné à mort n'entraîne des représailles de la part des autorités, un autre remet plutôt en question le *leadership* de Pierre, prétextant qu'en tant que descendant direct du Christ, c'est Joshua qui devrait lui succéder à la tête de la communauté des disciples. Des hommes s'étant ralliés au groupe depuis peu proposaient quant à eux de carrément se débarrasser de ce "vulgaire avorton", enlevant toute crédibilité aux enseignements du maître. Les tensions montaient parmi les disciples. Les événements des dernières semaines alimentaient les querelles et faisaient naître des rancœurs. Alors, ce qui devait arriver arriva : peu avant d'entrer dans Rome, des partisans de Pierre, à l'insu de celui-ci, emmenèrent l'enfant à l'écart et le firent disparaître à jamais. »

Cela m'expliquait pourquoi la quête du Graal ou du « sang royal » de Jésus fut si longue et si vaine. Sachant que saint Pierre lui-même a fini par se faire crucifier (la tête en bas, dit-on), personne ne savait réellement ce qu'il était advenu de Joshua. Saint Jean étant le fils de Marie-Madeleine et non celui du Christ, il ne restait plus que Sarah à retrouver pour celui que la légende a appelé « Arthur ».

L'une des participantes m'interrompit pour demander :

« S'appelait-il vraiment Arthur ?

– J'ai lu quelque part que ce nom provenait plutôt d'une déformation du mot *author* – « auteur » – comme dans « le petit-fils de Dieu, auteur de nos jours et créateur de la vie sur terre ». Pour certains, il s'agirait d'une métaphore. Mais, en même temps, puisque ce prénom est en fait très répandu en Angleterre, il est fort possible que Joseph d'Arimathie, alias Merlin, l'ait choisi dans le but précis de confondre les détracteurs du Christ pourchassant sa progéniture…

– Et, m'interrogea une autre, les prêtres celtes étaient véritablement des chrétiens ?

– Pas au sens où nous l'entendons aujourd'hui. Mais, ils savaient que Jésus était un grand initié et que son témoignage de vie traverserait les époques pour rallier différentes confessions religieuses…

– Et c'est son fils qui était censé reprendre le flambeau ? ajouta-t-elle vivement.

– Ce dernier, qu'il s'appelle "Arthur" ou autrement, a sûrement dû souffrir, en grandissant, de ne pas connaître sa famille, mais plus encore, il devait porter le poids des attentes de son entourage le concernant… Plusieurs compatriotes celtes ayant, eux, connu son père de son vivant, aspiraient probablement à faire de son benjamin la nouvelle "icône" spirituelle de tous les chrétiens en mal d'identité ! Mais, imaginons que, contrairement à son géniteur, Arthur n'ait eu aucune aptitude pour les discours enlevants, les guérisons énergétiques ou les miracles exceptionnels. Que celui-ci se soit vu comme un homme ordinaire à qui l'on aurait conféré des pouvoirs extraordinaires, mais impossibles à éveiller en dedans de lui-même…

– Pourtant, le fils de Jésus devait en soi être exceptionnel, lança une dame d'un certain âge.

– Tout dépend dans quel angle on se place, ai-je répondu. Si, pour le protéger des regards indiscrets, on l'a maintenu à l'écart des pratiques celtes ou, comme son père, esséniennes, il n'a pas pu développer les mêmes aptitudes que les druides du temps. Et s'il n'y avait personne pour lui transmettre les enseignements du Christ, comment aurait-il su qui il était vraiment ? Pire encore, si, une fois marié, il n'a pas réussi à engendrer un héritier digne de ce nom, n'aurait-il pas été légitime qu'il se considère comme un échec et veuille partir à la recherche des autres membres de sa parenté ?

– A-t-il pu retrouver sa mère, Marie-Madeleine ?

– On me dit qu'il a finalement eu des contacts seulement avec sa sœur, Sarah, et l'une de ses cousines, fille de Salomé. Je ne crois pas qu'il n'ait jamais eu la chance de rencontrer sa mère et il n'a rien su non plus de ce qui était advenu de son frère Joshua ni de son demi-frère, l'évangéliste Jean. »

Par la suite, en nous promenant dans le village de Saintes-Maries-de-la-Mer, j'ai vraiment ressenti que Sarah avait non seulement vécu dans ce lieu en compagnie de sa tante Marthe et des deux Marie, mais qu'elle y avait terminé sa vie. Si elle avait véritablement parcouru toute la France pour aller rendre visite à son frère celte, elle était néanmoins revenue dans la région où elle habitait avec sa propre famille : son mari et ses enfants.

Pas étonnant que les Camarguais et les gitans lui vouent un culte assidu : elle était des leurs, faisait partie de leur vie et de leur communauté ! Si les raisons de sa présence et son identité se sont perdues à travers les âges, il n'en demeure pas moins qu'elle avait été reconnue pour sa noblesse de cœur, à défaut de sa noblesse de sang sur laquelle on lui avait imposé un silence absolu.

Par contre, je percevais très peu de traces énergétiques du passage de Marie-Madeleine dans cette petite localité maritime. À la suite de son départ hâtif, peu de temps après la naissance de son benjamin, il semble qu'elle n'y soit revenue qu'une seule fois, durant la première grossesse de sa fille adorée. Guérisseuse émérite, Marie-Madeleine devait aussi pouvoir tenir le rôle de sage-femme et devait souhaiter être présente pour la naissance de son premier petit-fils…

Même chose à la Sainte-Baume : si une femme pieuse et charitable a bel et bien résidé dans cette grotte, il ne s'agissait pas de « la » Marie-Madeleine des Évangiles. Pour ma part, j'ai plutôt ressenti la présence d'une âme triste : une femme ayant perdu son mari et ses enfants dans un incendie et s'étant réfugiée en montagne pour vivre son deuil à l'écart de la joie des membres de son entourage. Et s'il est dit que la dépouille de cette femme fut par la suite enterrée dans la basilique de Saint-Maximin, les pèlerins venant se recueillir sur cette tombe seraient déçus de savoir qu'aucune relique de Marie-Madeleine ne se trouve dans ce lieu…

Par contre, le site qui m'a le plus intéressée dans cette région est sans contredit l'abbaye Saint-Victor à Marseille. Sous l'église, dans la crypte, près de sépultures antiques, nous pouvions sincèrement ressentir la présence de quelques-uns des premiers disciples de Jésus. Outre les « martyrs chrétiens » du troisième et du quatrième siècle, il me semblait que d'autres tombes plus anciennes se dissimulaient sous les catacombes. Une aura de sainteté imprégnait les lieux. Des parties de nous s'éveillaient et d'anciennes mémoires refaisaient surface : nous avions déjà fraternisé avec ces frères et sœurs dans le Christ. Leur fin tragique, nous l'avions déjà vécue, à un certain moment dans le temps (**voir Illustration # 14**).

Nous étions donc invités ici à nous « souvenir » et à nous « guérir » de notre peur de fusionner avec notre propre lumière. Tous les membres du groupe ont donc pris quelques instants pour s'intérioriser en silence et se mettre à l'écoute de ce qui se passait au-dedans de chacun. À ce moment précis, une énergie d'une très grande pureté lumineuse a inondé la pièce et un être resplendissant a fait son apparition parmi nous.

À travers moi, Sananda, le maître Jésus, s'est adressé à nous tous :

« Mes frères et sœurs bien-aimés, je suis avec vous, à vos côtés depuis une éternité. Tout comme vous, j'ai moi aussi expérimenté cette nature humaine qui est la vôtre et traversé le voile de l'oubli. Au fil des incarnations, j'ai dû, tout comme vous, réapprendre à laisser mon "Moi" divin venir m'habiter et cohabiter en paix avec ma personnalité, pour que la survie de mon corps soit assurée, mais qu'en même temps, toute l'énergie de lumière puisse y être emmagasinée… afin de procéder à l'ultime transmutation alchimique.

» Lorsque j'ai pris conscience sur la croix que mon humanité était mon plus beau cadeau et non pas mon plus lourd fardeau, j'ai pu permettre à ma partie divine d'effectuer cette puissante alchimie dans chacune de mes cellules vivantes. Je suis passé par la mort pour que l'éclat de ma résurrection parvienne à vos oreilles encore à ce jour…

» Or vous n'avez pas à attendre le moment ultime. Vous pouvez déjà vous rendre réceptifs à la lumière en acceptant, ici et maintenant, d'aimer votre corps et d'accueillir en lui la meilleure partie de vous-mêmes… pour que celle-ci puisse vous nourrir, vous alléger, guérir les blessures du passé et vous permettre de devenir l'être merveilleux et divin que vous êtes en réalité. Car, au fond, nous sommes identiques : tous ensemble sur le même chemin, la voie du plein épanouissement et de la cocréation divine.

» Sachez, mes frères et sœurs célestes, que vous êtes à la fois d'ici et d'ailleurs, à la fois humains et divins ! Et lorsque vous reconnaîtrez que cette énergie de lumière est présente en vous comme en nous-mêmes, vous saisirez à quel point tous ceux et celles qui vous ont précédés n'ont pu que suivre le même chemin que vous et qu'ils sont toujours là, à vos côtés, vous attendant de l'autre côté du voile.

» Ces “dimensions supérieures” auxquelles vous aspirez ne sont pas un lieu ou un but à atteindre, elles sont déjà là, partout autour de vous. Il vous suffit d'ouvrir les yeux sur vous-mêmes pour réaliser que vous en faites partie depuis la nuit des temps. Il vous suffit de vous voir tels que vous êtes pour réaliser que vous êtes habités par toute cette lumière, tout cet amour et toute cette splendeur illimitée qui n'a ni début ni fin…

» Pour ma part, lorsque je me suis éveillé au matin du troisième jour, j'ai senti que mon corps s'était transformé, que la lumière l'enveloppait totalement et qu'il m'était désormais impossible d'abaisser ces vibrations pour me rendre visible auprès des miens. Mon corps de lumière scintillait à un point tel que j'ai aussitôt éprouvé le besoin impérieux d'aller retrouver ceux et celles qui m'accompagnaient dans l'invisible afin de pouvoir célébrer avec eux cette ouverture, cette brèche qui s'était créée dans le voile du temps.

» Si, humblement, j'ai pu contribuer à faire en sorte d'amincir le voile entre les mondes, c'est à vous maintenant que revient le défi d'en profiter et de laisser venir à vous les membres de votre famille de lumière. Célébrons tous ensemble cette merveilleuse aventure terrestre, où chacun a la possibilité de transmuter la matière par une infusion illimitée d'énergie céleste et, ainsi, faire en sorte que la planète tout entière puisse en profiter.

» Certains parmi vous aspirent à retrouver le paradis sur terre, mais en réalité, le paradis est déjà dans votre cœur, dans votre âme, dans votre conscience, chaque fois que vous vivez dans l'état de grâce. Il vous suffit "d'être", de vous sentir pleinement vivants et de savourer chaque seconde de votre existence en accueillant dans votre cœur cette merveilleuse vibration d'amour qui élève, qui allège et qui permet à la joie, au bonheur de s'installer de façon permanente en vous-mêmes.

» La lumière est présente dans toutes vos cellules. Accueillez cette puissante transmutation alchimique qui, chaque jour, de plus en plus, s'installe parmi tous les êtres vivants. Vous êtes en train de devenir de magnifiques papillons qui déploient leurs ailes afin de ne plus vous sentir limités ou emprisonnés dans ce corps, ce corps magnifique qui se transforme aujourd'hui sous vos yeux afin de vous libérer de toutes les entraves qui vous empêchent de venir nous retrouver et de fusionner avec nous dans l'amour…

» Laissez-nous venir à vous. Laissez-nous vous aimer. Laissez-nous vous aider et vous faire profiter de notre expérience et de nos acquis. Mais, surtout, recevez notre infinie lumière, qui est aussi la vôtre. Celle-ci cherche à pénétrer dans tout votre corps pour que vous deveniez à votre tour des soleils et que vous permettiez à l'énergie céleste de faire de cette planète un lieu sacré, une oasis de lumière. Tout est là en vous, il suffit d'être conscients que tout est déjà accompli et de laisser vos valves intérieures s'ouvrir pour être inondés de lumière pour l'éternité.

» Soyez bénis, soyez aimés et aimez-vous les uns les autres comme vous rêvez d'être aimés à votre tour. Recevez tout mon amour et ma tendresse. L'amour d'un frère, d'un pur esprit, d'un fils de Dieu s'adressant à ses frères et à ses sœurs divins, ici et maintenant, en toute complicité. Recevez ma bénédiction ainsi que celle de ceux et celles qui nous accompagnent, ici, sur terre, et dans toutes les dimensions.

» Enfin, remerciez votre âme d'être présente en vous à chaque instant, car c'est grâce à elle que vous avez accès à la lumière qui transforme tout votre être. Merci ! Merci pour vous, merci pour nous, merci au nom de tout ce qui vit sur cette merveilleuse planète. Cette Terre est la vôtre, la nôtre et celle de tous les êtres en provenance de tous les coins du cosmos… pour assister en direct à cette nouvelle naissance prenant racine en vous-mêmes. Ainsi soit-il ! »

En définitive, si notre périple ne nous a pas permis de retrouver les endroits où aurait habité Marie-Madeleine, nous avons à tout le moins pu constater que l'important n'était pas d'identifier les traces de son passage sur Terre, mais plutôt, tout comme elle, d'accueillir l'amour de son bien-aimé, Jésus, notre guide et notre frère de cœur dans l'énergie christique universelle…

À mon retour à la maison, j'avoue que j'étais épuisée. J'avais profité de ce voyage en Europe pour amorcer une nouvelle session de formation en *coaching*, en plus de mes ateliers habituels proposés à travers la France, la Suisse et la Belgique. Au cours du dernier mois, j'avais parcouru des milliers de kilomètres, dormi dans plus de quinze lits différents (à l'hôtel ou dans les familles de mes organisatrices) et, vu la froide température cette année-là à la fin de septembre, je n'avais même pas pu me baigner dans la Méditerranée.

Bien entendu, des centaines de courriels m'attendaient dans ma boîte aux lettres virtuelle tandis que les comptes s'accumulaient dans celle bien réelle. Il y avait aussi le terrain à entretenir (les feuilles des arbres étant toutes tombées pendant mon absence) et le ménage intérieur à fignoler (laisser quatre jeunes adultes à la maison ne garantit pas qu'ils auront le temps de tout nettoyer derrière eux). Heureusement, mon amoureux était là pour me donner un coup de main... J'ai consacré le reste de l'automne à tenter de surmonter ma fatigue accumulée tout en investissant plusieurs heures par semaine à préparer mes futurs cours et à recevoir des gens en consultations individuelles.

Début février, juste avant de repartir pour une nouvelle tournée européenne, un événement catastrophique s'est abattu sur notre famille : tout l'argent que nous avions placé entre les mains d'un ami spécialisé en courtage a disparu. Attristés de voir les épargnes de toute une vie s'envoler en fumée, nous étions encore plus accablés de réaliser que ce que nous avions mis de côté pour les études universitaires de nos enfants n'existait plus. Comble de malheur, n'ayant rien pu faire pour prévenir ce drame qui a touché plus de cinq cents individus, incluant plusieurs personnes de notre entourage, le copain en question s'est lui-même enlevé la vie.

J'étais, bien entendu, bouleversée. Serge et moi avons dû nous asseoir avec nos quatre enfants pour leur annoncer la mauvaise nouvelle. Déçus, mais compréhensifs, ceux-ci se sont immédiatement engagés à nous soutenir et à nous aider dans notre recherche de solutions à court terme. Ce qui, par ailleurs, aggravait notre problème était qu'une grande partie des redevances sur nos investissements remboursaient d'autres prêts contractés auprès de différentes institutions bancaires. Concrètement, au quotidien, nous n'avions plus suffisamment de revenus pour couvrir nos dépenses. Rapidement, nous avons été contraints de réhypothéquer notre maison et d'aller rencontrer un conseiller pour nous permettre de consolider toutes nos dettes dans un seul paiement.

Seule éclaircie au cœur de cette tempête dévastatrice, n'étant plus aussi rentables sur le plan personnel et professionnel, nous nous sommes rendu compte que nos enfants pourraient bénéficier d'allocations gouvernementales pour leurs études. Dans les faits, nous avions mis de côté dix mille dollars pour chacun, et ils ont eu droit, en définitive, à près de huit mille dollars par an en prêts et bourses, pour toute la durée de leur formation. Pour le reste, chacun s'est trouvé un petit boulot lui permettant d'arrondir ses fins de mois.

En tant que « maman poule », cette expérience m'aura permis de réaliser que, malgré des décennies de travail sur moi-même, je « portais » encore mes rejetons sur mes épaules, me sentant responsable de leur bonheur et de leur qualité de vie. Ceux-ci m'ont vite fait comprendre qu'ils n'avaient pas à « subir » les revers de leurs parents et qu'ils pouvaient très bien s'assumer seuls.

Néanmoins, des nuits entières d'inquiétudes et de cogitations irrationnelles finiront par nuire à mon état de santé. Une simple gastroentérite virale dégénéra en diarrhée chronique qui dura plus de six semaines ! Lessivée, mais ne pouvant me permettre, dans les circonstances, d'annuler mes formations prévues au printemps, Serge et moi sommes quand même partis en Europe, la mort dans l'âme.

Déshydraté et considérablement affaibli, mon organisme ne put supporter les efforts soutenus déployés tant durant les animations que dans les transports d'une ville à l'autre : je me suis écroulée juste avant un stage important et j'ai dû prendre l'avion d'urgence pour revenir me faire soigner ici, au Québec. Et, parce qu'un malheur ne vient jamais seul, je me suis fait voler ma valise dans le train m'amenant de Namur à Bruxelles.

Ma convalescence a duré plus d'un mois, ne quittant le lit que pour manger et me laver. Tout en angoissant de ne plus être en mesure d'assumer ma part de salaire pour faire rouler notre ménage, j'espérais cependant reprendre suffisamment de forces pour ne pas devoir aussi annuler mon prochain voyage prévu pour la fin mai.

Heureusement, une bonne étoile veillait sur moi : mon amie Geneviève, sœur d'âme et collaboratrice de longue date, m'a accompagnée tant sur le plan humain qu'énergétique. Elle m'a permis de prendre conscience que j'en faisais trop et que, de nature passionnée, j'oubliais de prendre convenablement soin de mon corps et de mes besoins personnels. Il est vrai que cela devenait « usant » à la longue d'être constamment en déplacement, dormant n'importe où et mangeant souvent sur le pouce... Sans m'en rendre compte, je m'étais éparpillée et avais dissipé mon énergie vitale à tous les vents. Mes déboires financiers n'avaient été, comme pour toute chose dans ma vie, que le miroir de la façon dont je me traitais moi-même.

Me recentrant exclusivement sur ma santé et me mettant à l'écoute quotidienne de mes envies, j'ai pu me reposer suffisamment et, à mon grand soulagement, me rétablir à temps pour accompagner le groupe en Grèce et en Turquie.

Dès notre arrivée à Izmir, nous plongeons dans le dépaysement le plus total : les bâtiments de stuc beige aux toits en forme de poire inversée, les minarets claironnant l'appel à la prière plusieurs fois par jour – même la nuit – et les souks où l'on doit marchander ferme pour obtenir un article à un prix raisonnable... J'étais vraiment au pays des Mille et une nuits !

Lorsque, dès le premier soir, nous avons fait le point avec le groupe sur nos activités des prochains jours, nous nous sommes rendu compte que nous n'allions pas seulement marcher dans les pas des premières communautés chrétiennes et visiter les toutes premières églises créées par les apôtres eux-mêmes, mais nous aventurer sur les routes parcourues par saint Paul, saint Jean, saint Philippe et même Marie, mère de Jésus. À cette pensée, nous ne pouvions nous empêcher de ressentir quelques frissons d'excitation et d'enthousiasme, probablement comme bien d'autres avant nous.

Comme chaque fois que j'accompagne des gens sur les lieux vibratoires, j'ai invité tout le monde à s'intérioriser pour « prendre le pouls » de l'endroit, mais aussi pour aller voir au fond d'eux-mêmes quels seraient les attentes, les blessures ou les besoins qui sont « éveillés » par cet espace sacré. Prenant le temps de partager nos ressentis, nos questions et nos espoirs concernant notre séjour, l'une des participantes a mentionné qu'elle aimerait recevoir un message « spécial » de la part de Marie. Aussitôt, une réponse est spontanément montée en moi : « Je vous attends près d'une fontaine où vous me rendrez visite et percevrez ma présence amicale. Alors, vous saurez que je suis demeurée en ce lieu et que j'y ai laissé un cadeau pour vous… et pour tous ceux dont le cœur est ouvert à l'énergie christique. »

J'aurais bien aimé en savoir plus, mais aucune autre manifestation n'a eu lieu ce soir-là. Nous nous sommes donc appliqués au cours de notre balade, à rechercher systématiquement des fontaines, espérant tomber éventuellement sur « la bonne ».

Notre première visite, le lendemain, eut lieu à Éphèse, ville où se trouvait l'une des sept églises d'Asie mentionnées dans les Actes des apôtres. Notre guide turque, Aïcha, ayant longtemps étudié en France, s'adressa à nous dans un français impeccable, nous expliquant que la plupart des sites touristiques de son pays étant administrés par son gouvernement, qui finançait aussi l'ensemble des fouilles archéologiques sur le territoire, il nous était impossible d'y accéder sans être accompagnés d'un guide accrédité ayant suivi de longues formations sur l'histoire des lieux et de leurs habitants **(voir Illustration # 15)**.

Nous avons donc eu droit à une visite guidée selon les règles de l'art, notre accompagnatrice nous décrivant chaque endroit où nous mettions les pieds… Du moins, jusqu'à ce que mes « dons » se manifestent d'une façon cocasse ! Au détour d'une rue pavée de grosses pierres, des personnages d'un autre temps se sont mis à déambuler autour de moi. Habituée à ce genre de phénomènes, je n'en ai pas fait de cas jusqu'à ce qu'apparaissent devant mes yeux des femmes au visage grossièrement maquillé, enveloppées de voiles quasi transparents, offrant des regards concupiscents aux passants de sexe masculin.

« Oh ! me suis-je écriée, mais il y a des prostituées ici ! Je ne savais pas que les bordels existaient déjà à l'époque…

– Mais, comment le savez-vous ? me demanda Aïcha, étonnée. Êtes-vous déjà venue ici ?

– Non, non, c'est la première fois, bredouillai-je, mal à l'aise. C'est juste que, lorsque je visite des sites comme celui-ci, chargés d'histoire et d'événements importants, j'ai parfois des visions du passé qui m'envahissent malgré moi…

– Et ici, que voyez-vous ? ajouta-t-elle, interrogative.

– Eh bien, je vois que de la bibliothèque, là-bas, il y avait un couloir souterrain qui menait directement à la maison close pour que les érudits puissent s'y rendre en secret.

– Euh… C'est exactement ça ! (La guide était stupéfaite. Puis, intéressée.) J'aimerais bien que vous me le disiez si jamais vous voyez autre chose… »

Les images ne se sont pas trop fait attendre. Juste un peu plus loin, j'ai ressenti une présence familière, comme si je « connaissais » l'entité qui voulait me parler. Pourtant, en contemplant derrière mes paupières fermées le visage de l'homme qui se tenait à mes côtés, je n'avais aucune idée de qui il s'agissait.

« Je suis Paul, me dit l'homme. Paul de Tarse. Et j'ai une confession à vous faire.

– Je vous écoute, répondis-je, ébahie, mais le cœur ouvert.

– Lorsque je suis arrivé à Éphèse enthousiasmé par mon engagement à répandre la bonne nouvelle du Christ ressuscité, j'ai été fort déçu par la réaction des Éphésiens qui ne se montraient guère intéressés par ce que j'avais à dire. La ville entière vouait un culte passionnel à Artémis, déesse de la fertilité, qui leur promettait des récoltes abondantes et des femmes fécondes.

– J'ai remarqué, en effet, que toutes les statues d'Éphèse sont des représentations de la Déesse mère, symbolisée par Artémis, appelée aussi "Diane la chasseresse" chez les Grecs. On la voit partout recouverte d'œufs ou tenant dans sa main un épervier.

– Elle symbolisait la protection divine dans toute sa splendeur, sa force et son immuabilité. Et, ainsi, les citoyens d'Éphèse ne voulaient rien entendre d'un "messie", un vulgaire homme du peuple, qui aurait transcendé la mort.

– Oui, je comprends. Pourtant, vous et les autres disciples avez réussi à créer la première communauté chrétienne officielle dans cette ville de plus de deux cent mille habitants…

– C'est vrai, mais à quel prix ! Nombreux sont ceux qui, parmi nous, ont été pourchassés, torturés et assassinés au nom de leur foi. J'ai donc dû faire usage de subterfuges pour faire accepter nos croyances et faire en sorte que le Messie soit accepté dans le cœur des hommes…

– Et comment vous y êtes-vous pris ?

– J'ai fait circuler une rumeur, me confia-t-il piteusement, mentionnant que Jésus était le Fils unique de Dieu, venu sur terre pour nous sauver, et qu'il était né d'une vierge fécondée par l'Esprit saint…

– Ha ! ha ! ha ! C'est donc de là que vient cette histoire abracadabrante d'une intercession divine. Comme c'est rigolo !

– Je n'avais pas le choix ! déclare vivement Paul. C'était la seule façon de convaincre les Éphésiens qu'ils devaient croire en la vie éternelle… et, surtout, de ne pas me faire empaler vivant ! »

Même si je comprenais les conséquences dramatiques que cette fausse rumeur avait eues sur la chrétienté par la suite, je ne pouvais m'empêcher de trouver ça comique ! Au fond, Paul avait voulu jouer le rôle d'un agent de publicité… et nous avait donné la première campagne publicitaire fondée sur du vent de toute l'histoire de l'humanité !

Bien entendu, mes compagnons de voyage ne saisissaient pas tous l'aspect humoristique de cette révélation. Et quelques-uns remettaient même en cause mes facultés de canalisation. Pourtant, quand on y pense, cela a tellement de sens ! Les Grecs, les Perses et les Romains avaient leurs propres dieux « immortels », veillant sur eux depuis des siècles. Comment auraient-ils pu être intéressés par un seul « homme », fût-il ressuscité. Mais si sa mère était reconnue en tant que vierge immaculée fécondée par un dieu, alors Jésus lui-même devenait l'égal d'Hercule ou de Jason, et digne d'être vénéré. Par la grâce de Marie, le Christ devenait un dieu vivant, réel et tangible, pouvant de ce fait éclipser l'obscure et lointaine Artémis aux yeux de ses fidèles partisans…

À la grande surprise de notre accompagnatrice turque, Paul nous guida à travers la ville vers l'édifice en ruine ayant abrité la première église chrétienne. À l'intérieur, les vestiges d'un bassin vide trônent au milieu de l'enceinte restreinte. Pressentant que ce bain pouvant contenir facilement deux ou trois personnes devait avoir servi à recréer le rituel du baptême de Jésus par Jean-Baptiste, un à un, les participants prirent le temps d'entrer respectueusement dans la cuve, tandis que le groupe s'intériorisait pour accompagner cette puissante démarche de guérison intérieure… tant pour nous que pour notre « ami » Paul.

D'autres visions m'ont habitée lors de nos visites dans différents lieux archéologiques, ce qui amusa beaucoup Sïcha. Ainsi, à l'endroit appelé la « maison » ou le « tombeau » de Marie, je n'ai absolument pas senti que la mère de Jésus avait été enterrée dans l'église édifiée sur place. Il y avait bel et bien une fontaine à proximité et, par les prières des nombreux pèlerins en provenance de partout dans le monde, un puissant vortex de guérison avait été activé à cet endroit, mais aucune trace de Marie dans les parages.

Sur un autre site, notre guide nous indiqua, dans un marécage, un amas de pierres éparses ayant dû former, quelques millénaires auparavant, un important temple dédié à Artémis. Or, quelques mètres plus haut, en surplomb d'une mosquée datant de quelques centaines d'années, on pouvait voir les fondations de ce qui paraissait être un cloître entouré de cellules individuelles. J'y voyais déambuler des vestales se reléguant pour maintenir vivant un feu sacré allumé dans une coupelle sur un grand autel érigé à la mémoire de la Déesse mère. Aïcha était sceptique au début, puisque ce n'était pas « ce qu'on lui avait appris dans ses cours », mais elle s'est vite rangée à mes explications plutôt logiques, selon elle. À la blague, elle disait même que je devrais me faire engager par les archéologues pour leur indiquer où faire leurs fouilles et, ainsi, économiser des milliers de livres à son gouvernement…

Le lendemain, à Pamukkale, si la vue des vastes étendues de calcaire entièrement blanches m'a laissée bouche bée d'émerveillement, j'ai surtout senti que de nombreux chrétiens avaient péri dans le grand amphithéâtre d'Hiérapolis, assurément dévorés par les lions. L'apôtre Philippe, pour sa part, fut d'abord lapidé, puis crucifié sur la grande place. Sa dépouille doit d'ailleurs être enterrée à proximité, car son âme est encore bien présente à cet endroit.

Petite anecdote en passant, tout près du temple d'Apollon, le long d'un mur enfoui au fond d'une tranchée, j'ai entrevu la présence de *pythies*, des jeunes femmes ayant été emprisonnées dans une cave, près d'une source d'eau sulfureuse dont les vapeurs détenaient des propriétés hallucinogènes leur inspirant des visions. Celles-ci étaient reconnues comme oracles et étaient consultées par les prêtres ou de hauts dignitaires voulant se faire prédire leur avenir. Sur le coup, mes compagnons doutaient quelque peu de cette info, car il ne semblait y avoir aucun cours d'eau à cet endroit. Mais, 25 mètres plus loin, une ouverture taillée dans une colonne de pierre laissait entendre le bruit d'une rivière enfouie profondément sous terre. Quelques femmes du groupe retournèrent donc s'appuyer contre le mur en contrebas pour vérifier si elles ressentaient quelque chose et, effectivement, des brumes émétiques affluèrent aussitôt autour d'elles.

Quelques jours plus tard, nous sommes montés dans une navette maritime pour effectuer le trajet de quatre heures menant à l'île de Patmos. Dès notre arrivée, j'ai senti mon cœur s'ouvrir et mon âme jubiler. J'avais l'impression d'être arrivée au paradis ! Pourtant, c'était une île grecque comme les autres, plutôt vallonnée, désertique et minuscule, mais il régnait en ce lieu une paix indescriptible et une énergie lumineuse hors du commun.

Cette paix et cette énergie se sont expliquées lorsque nous avons visité la grotte où il est dit que saint Jean reçut l'inspiration pour rédiger son Évangile et les livres de l'Apocalypse. Outre le fait que nous ayons été accueillis près de l'église par une licorne – signe indéniable qu'il y avait une porte multidimensionnelle dans les environs –, la petite chapelle sous terre était entourée d'une aura de mysticisme dépassant tout ce que j'avais connu jusqu'alors. Mais ce n'est que lorsque j'ai mis ma main dans le « trou » où, deux millénaires auparavant, l'apôtre Jean avait maintenu la sienne pendant des mois, voire des années, que j'ai compris d'où venaient ses visions ahurissantes.

Comme il y avait une messe orthodoxe célébrée dans la grotte, celle-ci était remplie à craquer : pas de place pour que tout notre groupe puisse y entrer. J'en ai donc profité pour me faufiler discrètement à l'intérieur, jusqu'à l'endroit cadenassé d'une chaîne où, pouvait-on deviner, Jean s'était assis durant de longues heures, la tête appuyée contre la paroi rocheuse. Or, ce que je ressentais surtout, c'est qu'il s'y était installé de manière à pouvoir allonger le bras jusqu'à la petite ouverture pratiquée un peu plus haut qui, elle, était accessible au public.

M'appuyant le dos contre le mur, j'ai glissé ma main dans l'interstice et là, à ma plus grande stupéfaction, j'ai été aspirée à travers la pierre et me suis retrouvée… dans le jardin d'Éden ! Je n'ai pas de mots pour décrire avec exactitude toutes les merveilles qui se dévoilaient devant mes yeux ! Outre un paysage enchanteur et une multitude de fleurs variées de toutes les couleurs, j'étais entourée d'animaux étranges et fascinants. Il y avait, bien sûr, des licornes batifolant dans les prés, mais aussi des centaures, des dragons ailés et des phénix au plumage doré. Sans compter toutes les autres créatures dont je n'avais jamais entendu parler auparavant et vivant ensemble en parfaite harmonie sous un chaud soleil tempéré.

J'aurais voulu demeurer éternellement en ce lieu de prodiges ! Je comprenais que le fils de Marie-Madeleine se soit réfugié des heures durant dans cette fantastique caverne d'Ali Baba. Moi-même, je me suis empressée de confier à Serge qu'au moment de ma retraite, j'adorerais venir m'installer sur cette île pour y finir mes jours… la main insérée dans cette pierre fabuleuse !

Je me sentais vraiment chez moi à Patmos. Et, ayant les cheveux roux comme de nombreux habitants de l'île, je devais ressembler aux gens du peuple, car la plupart des commerçants s'adressaient à moi en grec, persuadés que j'étais l'une de leurs compatriotes.

Hélas, nous devions poursuivre notre route, car plusieurs autres endroits magiques attendaient notre visite…

Notre balade initiatique s'est terminée dans un petit village minuscule du nom de « Siringe », où notre guide souhaitait nous inciter à acheter des produits du terroir auprès de producteurs locaux plutôt que dans les « attrape-touristes ».

Par contre, une fois sur place, au lieu de la suivre à travers les dédales des ruelles encombrées de marchands, un élan d'allégresse a envahi mon cœur et a intimé mon âme de me rendre directement au centre du village. Là, une magnifique fontaine trônait sur la grande place, à proximité d'une petite église consacrée à Jean le Baptiste. En la voyant, j'ai compris que Marie, comme promis, nous y attendait (**voir Illustration # 16**).

Dans ce qu'on appelle « la maison de Marie » à quelques kilomètres de là, nous sentions que l'égrégore qui s'est formé autour du vortex lumineux est teinté, par exemple à Lourdes, de toutes les croyances de ceux qui y sont passés. Alors qu'ici, à Siringe, l'énergie est demeurée protégée, pure, intacte… car bien des gens viennent visiter l'endroit, mais ne savent pas ce qu'il y a sur place. De fait, il n'y a aucune lourdeur en ce lieu : l'énergie du petit bassin qui se trouve là – et celle de l'eau qui coule sous nos pieds – est restée dans la même vibration que lorsque les premiers chrétiens sont venus ici !

Alors que nous nous installions sur les fauteuils confortables d'un café entourant la place en dégustant un délicieux thé à la menthe préparé par un ami d'Aïcha, voici ce que mon âme a reçu en ce lieu saint :

« Comme les historiens de l'époque le décrivent, lorsque les premiers chrétiens se sont trouvés dans la ville d'Éphèse, ils ne se sont guère sentis les bienvenus. Après que Paul a fait circuler sa propagande virginale, il a eu l'idée de faire venir Marie en personne pour que, par sa lumière et sa grandeur d'âme, elle donne du poids à son évangélisation.

» Or si, à la demande de Paul, Marie et les disciples qui l'entouraient ont accepté de se déplacer jusqu'en Perse, non seulement ils ne se sont pas sentis à leur place parmi le peuple d'Éphèse, mais, en outre, ils remettaient en doute la pertinence de créer, selon les aspirations de Paul, des lieux de culte dans cette ville plus commerciale que religieuse. Au contraire, comme leur présence ne faisait pas l'unanimité parmi les autorités en place, les premiers chrétiens se devaient plutôt de se cacher constamment. Ils se contentaient d'aller et venir, sans jamais rester bien longtemps au même endroit pour ne pas attirer l'attention et les foudres des “non-croyants” de l'époque…

» Certains disciples, pour protéger Marie, l'ont emmenée hors des murs de la ville, arpentant plusieurs collines des environs pour finir par s'établir à Siringe dans le but de pouvoir se rencontrer en secret, prier ensemble et communier dans l'énergie christique…

» Je les vois se recueillir et célébrer leur foi, déposant leurs vibrations d'amour et de lumière en ce lieu en se disant : “Il est possible que nous ne passions pas au travers, il est possible que nous soyons exterminés, que nous n'existions plus, mais au moins, nous aurons implanté notre lumière dans le lieu… et ce qui est important pour ceux qui suivront, c'est qu'ils sachent qu'ils pourront retrouver cette énergie, la nôtre et celle de l'Esprit de Dieu, quelque part en ce monde…" »

À notre tour en ce lieu saint d'entre tous, Marie nous a invités à nous reconnecter à l'énergie des premiers disciples afin que nous nous laissions imprégner par cette puissante onde d'amour infini et que nous puissions l'emporter par la suite, peu importe où nous irions, de manière à ce que le fil conducteur énergétique qui a été laissé ici par les premiers disciples soit ensuite essaimé partout dans le monde.

Tandis que notre guide entraînait des passants à l'écart afin de préserver notre intimité, j'ai invité mes compagnons à faire un exercice d'ancrage pour reconnecter avec les vibrations du lieu faisant écho en nous-mêmes, dans le but avoué de faire en sorte que nous tous puissions nous reconnecter aux parties de nous qui, peut-être, ont déjà vécu ici à cette époque – ou à certains de nos ancêtres ou à des connaissances à nous – et que nous communiions ensemble avec ce lieu qui a été, au cœur de la tempête, un havre de paix pour les premiers chrétiens.

« Puisque, nous aussi, nous connaissons la tempête et que, nous aussi, nous avons de la difficulté à identifier qui nous sommes ou à nous sentir bien avec nos croyances ou nos ressentis, nous sommes invités à ouvrir toutes les valves pour laisser monter en nous l'énergie christique, mais aussi cette lumineuse empreinte mariale. Cette énergie est très féminine, très douce. Elle évoque le même abandon confiant que celui de Marie à la grâce divine, comme si notre âme aussi nous susurrait à l'oreille : "Je sais que j'ai gardé dans mon cœur tout ce qu'il y a de meilleur en ce monde, je suis prêt à quitter cette vie dans la sérénité, sachant que ce qui m'attend de l'autre côté est encore plus merveilleux…"

– Je sens naître en moi tellement de paix, dit l'une des participantes, résumant ainsi le sentiment de tout le groupe.

– En effet, même si de nombreux disciples ont été tués par la suite, ce n'est pas du tout une énergie de sacrifice ou de persécution que l'on ressent ici, mais plutôt une énergie d'allégresse, de reconnaissance et de gratitude…

– Oui, c'est vrai, ont acquiescé les autres en chœur.

– Donc, je vous invite à savourer, à goûter pleinement cette énergie pour qu'elle puisse s'installer dans tout votre être. Nous respirerons simplement profondément, fermerons les yeux, mettrons les pieds bien à plat sur le sol, si possible, car c'est vraiment dans le sol et dans l'eau que nous pouvons nous laisser abreuver. Dans un premier temps, je vous invite, à chaque inspiration, à pousser votre énergie vers le bas et à imaginer que sous vos pieds croissent d'immenses racines comme si vous étiez un grand chêne et que ces racines entrent, pénètrent profondément dans le sol pour aller s'abreuver directement aux sources cristallines qui coulent sous nos pieds. Les racines entrent, pénètrent en profondeur et en largeur, elles s'entremêlent les unes les autres pour vous permettre de vous reconnecter à tout ce qui a vécu, à tout ce qui s'est passé dans ce lieu et qui s'est connecté à cet amour divin qui est présent sous nos pieds. »

J'entends les gens de mon entourage respirer profondément tandis que je poursuis ma visualisation :

« Je vous invite à accueillir la présence de Marie, qui est là, au milieu de nous, entourée de tous ceux et celles qui ont aimé, chéri le passage du Christ sur cette terre. Vous pourrez sans doute y reconnaître saint Jean et saint Philippe, mais il y a aussi plusieurs autres apôtres qui sont aussi des leurs ainsi que plusieurs femmes. Se pourrait-il que vous ayez été présents avec eux à l'époque, que vous ayez fait partie de ce groupe qui s'est réuni en ce lieu pour communiquer à la terre, à l'eau, au sol sous nos pieds tout l'amour divin présent dans leur cœur ?

– Oui, répondent certains à voix haute.

– Serait-il possible que vous ayez vous-mêmes déposé cette énergie que vous venez rechercher, retrouver en ce lieu aujourd'hui ? Peut-être que des personnes qui vous ont aimés, qui vous aiment encore aujourd'hui, faisaient partie de ceux qui ont installé ce fluide d'amour infini.

– Hum, hum ! ont acquiescé les participants.

– Laissez monter à travers les racines sous vos pieds cette énergie revitalisante, rafraîchissante et vivifiante. C'est vraiment une énergie de bien-être et de plénitude qui monte en vous. Ressentez la présence de Marie au milieu de notre cercle, son cœur débordant de joie, de tendresse, d'une infinie bonté. C'est comme si des rayons lumineux s'échappaient de sa poitrine et venaient toucher notre propre cœur. Ainsi, l'énergie monte et descend en nous pour que nous sentions à la fois l'amour passé et l'amour présent dans toutes nos cellules vivantes. »

Alors que tous ensemble nous soupirons d'aise dans la béatitude de ce moment exceptionnel, la voix de Marie se fait entendre dans mon esprit et, à travers moi, elle nous adresse un message tout simple :

« Tous ceux et celles qui choisissent d'être des frères et sœurs dans le Christ sont aussi mes enfants. Vous qui avez manqué d'amour, vous qui ne vous êtes pas sentis soutenus ou qui avez été abandonnés par vos propres parents, venez vous réfugier dans mon cœur divin. Permettez-vous de vous y blottir pour vous sentir réconfortés et pour guérir toutes ces blessures que vous avez subies au fil des ans… Laissez votre propre cœur s'alléger et retrouvez votre propre enfant intérieur qui "sait" qu'il est libre désormais de danser sous le chaud soleil divin et de se laisser inonder par la grâce, l'ultime guérison : la naissance à votre propre Christ intérieur.

» Laissez votre cœur se gonfler de cet amour divin, laissez-le déborder comme une fontaine jaillissante qui inonde chaque parcelle de votre être d'un flot de douceur, de tendresse infinie. C'est comme si un miel onctueux et abondant, un baume de douceur venait recouvrir toutes les parties de vous qui ont souffert... pour vous permettre de réaliser que toutes les expériences que vous avez vécues jusqu'à maintenant n'étaient pas vaines, mais plutôt riches, puisqu'elles vous ont amenés à cette ouverture que vous célébrez aujourd'hui. »

Je vois Marie se promener à l'intérieur de notre groupe et venir poser ses mains sur chacune de nos têtes. L'air est imprégné d'une forte odeur de rose, comme si ses mains étaient enduites d'une huile de rose odorante et enivrante, et que Marie venait déposer sur chacun de nos fronts une goutte de magie, ou plutôt « d'éternité »...

« Vous avez été, vous êtes et vous serez jusqu'à la fin des temps des porteurs de lumière. Cette lumière qui est la vôtre, ce que les premiers chrétiens ont appelé "Esprit saint", c'est l'étincelle divine présente en chacun et chacune d'entre vous. Cette flamme céleste se manifeste dans vos cœurs afin d'en occuper tout l'espace et de vous unifier à votre Essence divine, à votre âme dans toute sa pureté. »

Un halo de lumière englobe notre groupe silencieux. Alors que Marie termine son discours rempli d'amour, je sens que le maître Sananda me frôle l'épaule et vient rejoindre sa mère au centre du cercle. Il m'incite à prendre à mon tour la parole pour expliquer les images et les connaissances qu'il projette dans mon esprit :

« À l'époque, les premiers disciples pensaient qu'ils ne reverraient jamais le Christ puisqu'il était passé dans d'autres dimensions, dans les sphères supérieures. Les premiers chrétiens croyaient qu'ils s'étaient retrouvés seuls avec leur foi, avec leurs croyances... Or, tous ceux et celles qui ont dit oui, qui ont ouvert leur cœur à la présence de Jésus dans leur vie, se sont rendu compte qu'il était toujours là, toujours présent à leurs côtés. Et c'est lui, dans sa forme lumineuse, qui vient nous retrouver en ce lieu, se joignant à sa mère pour nous inonder de paix, de joie, d'amour de plénitude. Le sentez-vous ?

– Oh oui, répondent mes compagnons, émerveillés.

– Il nous invite à faire “”un”, les uns avec les autres, et à contempler sa présence lumineuse dans le regard de chaque individu que nous rencontrons, en veillant à demeurer connectés à la beauté de l’âme qui habite chaque personne qui croise notre route. Peu importe ses maladresses, peu importe sa personnalité, il nous dit que si nous nous reconnectons à l’âme, à la présence divine en chaque être humain, c’est ce qui nous sera révélé de lui ou d’elle. Alors, nous ne pourrons rien voir d’autre. Notre flamme divine fusionnera avec la flamme de chaque individu pour s’embraser tel un brasier qui bientôt fera le tour de la Terre… »

Je vois des rayons aux couleurs de l’arc-en-ciel descendre du ciel et venir entourer chaque membre du groupe, illuminant chaque parcelle de son être tandis que Sananda m’invite à poursuivre :

« Vous êtes le maillon d’une importante chaîne planétaire, acceptez de révéler ce feu intérieur sans chercher à vous cacher, car plus vous dites oui à votre soleil divin, plus vous permettez que ce brasier puisse trouver de nouveaux flambeaux à allumer… pour créer de nouveaux relais avec d’autres qui prendront la relève à votre suite. Laissez-vous imprégner par toute la gratitude de ce lieu, ressentez à quel point ceux et celles qui ont foulé cette Terre vous sont reconnaissants d’accepter d’être un véhicule pour cette flamme lumineuse que vous répandrez partout où vous irez… Permettez-vous de vous honorer, de vous remercier pour ce oui que vous dites de nouveau aujourd’hui en sachant que vous n’êtes plus seuls, mais que vous faites désormais partie de la grande famille des enfants de Dieu et que Marie veillera sur vous à chacun de vos pas. Je vous invite à poser les mains sur votre cœur pour permettre à cette lumière de bien s’installer, se cristalliser et demeurer présente comme si, cette porte qui s’est ouverte en vous, vous acceptiez de la refermer pour garder le meilleur en vous-mêmes… »

Alors que nous reprenons contact avec notre corps, chacun, ça et là, s’étirant et bougeant sur sa chaise, la plupart d’entre nous ont partagé avoir véritablement senti la présence de Marie et de Jésus dans le cercle ainsi que l’intensité de l’amour dont ils nous inondaient.

Il n'y avait pas de licorne en ce lieu qui, pourtant, était imprégné des fortes vibrations d'un autre monde. Cependant, un souffleur de verre local avait fabriqué des petites statuettes de cristal à l'effigie de cette adorable créature mythique. Plusieurs d'entre nous en ont profité pour se procurer un souvenir de ce moment lumineux. Pour ma part, je me suis procuré une magnifique madone finement gravée dans le cristal clair. Celle-ci est posée dignement sur une étagère dans mon bureau, juste à côté de la licorne de verre achetée par mon mari…

Chapitre QUATORZE

L'ultime défi, retrouver notre vraie nature?

Si j'ai adoré mon voyage en Turquie et à Patmos, le reste de ma tournée européenne s'est avérée aussi exigeante que d'habitude. Mon agenda avait été planifié plus d'un an auparavant. Je devais donc encore une fois animer plusieurs autres formations dans différentes villes des pays francophones. À mon retour, ne voulant pas tomber malade une fois encore, j'ai pris la décision d'espacer mes visites de l'autre côté de l'Atlantique. J'ai donc annulé toutes mes activités prévues hors Québec l'automne suivant afin de pouvoir pleinement me reposer et « digérer » les événements extraordinaires qui ont marqué ma vie.

Contrairement à ce que j'avais espéré, les deux groupes d'Européens formés à la méthode de *coaching* inspirée de mon livre *Bienvenue dans la 5ᵉ dimension* n'ont pas été suffisamment autonomes pour assurer ma relève et prendre en charge certains de mes ateliers les plus populaires.

Croyant naïvement que je pouvais communiquer une vingtaine d'années de cheminement personnel à travers une formation d'à peine une centaine d'heures, j'ai dû me rendre compte que, même si, en théorie, les outils de croissance peuvent être très pertinents, l'expérience et la maturité, elles, ne se transmettent pas pour autant.

J'ai tout de même tenté d'apporter mon aide à tous les «*coachs* Quintessence» qui m'ont jointe lorsqu'est venu le moment de s'installer dans leur pratique de thérapeute. Au fil du temps, plusieurs sont devenus des amis sincères à qui il fait bon rendre visite lors de mon passage dans leur ville d'origine...

Au début de l'année suivante, mon père est tombé gravement malade. Les médecins lui ont diagnostiqué une tumeur cancéreuse opérable au poumon gauche, mais ce qui nous inquiétait le plus, c'est que mon paternel avait de graves problèmes cardiaques depuis plus de trente ans et nous ne savions pas s'il allait passer au travers d'une telle chirurgie. Ayant déjà été opéré deux fois pour des pontages, il n'y avait plus que 40 % de son cœur qui était fonctionnel et ses chances de survie étaient évaluées à moins de 50 %.

Contre toute attente, l'opération à l'Institut de cardiologie de Montréal s'est bien déroulée et mon père a pu être «retransféré» à Joliette dès le lendemain. Malheureusement, le drain favorisant l'écoulement de la plaie dans son côté gauche s'est déplacé durant le trajet en ambulance et est venu appuyer sur le muscle cardiaque. Il s'en est suivi une crise cardiaque massive qui aurait très bien pu coûter la vie à mon père. Celui-ci est demeuré aux soins intensifs pendant plusieurs jours avant d'être envoyé dans une maison de convalescence pour plusieurs semaines.

Tout me semblait tout de même rentrer dans l'ordre, et comme j'avais remis des activités européennes à mon calendrier printanier, j'ai demandé à mon père s'il sentait que je pouvais partir en toute tranquillité, ce à quoi il a acquiescé. Cependant, deux jours avant mon départ, il s'est mis à avoir des petits soucis respiratoires. Rien de grave, d'après les médecins, juste un peu de liquide s'étant infiltré dans son poumon fragile. Quelque peu anxieuse à l'idée de partir au loin, je suis revenue à la charge :

« Tu es sûr que tu veux que je parte ? lui ai-je demandé encore une fois. Es-tu bien certain qu'il n'y a pas de danger ?

– Oui, oui, m'a-t-il assuré. Tout ira bien. Les médecins me garderont encore quelques jours au cas où, mais je devrais être sorti d'ici dimanche. »

Pas tout à fait rassurée, j'ai quand même pris l'avion pour la Suisse le lendemain, un mercredi. Le jeudi et le vendredi, observant le programme prévu, j'ai reçu plusieurs personnes en consultation, la fin de semaine devant être consacrée à la tenue d'un atelier de groupe. Ayant probablement mangé quelque chose qui m'a barbouillé l'estomac, sans doute fragilisé par toutes les émotions des dernières semaines, j'ai passé une partie de l'après-midi du vendredi à me vomir les tripes dans les toilettes, ce qui devait m'être arrivé moins de cinq fois dans toute ma vie. J'ai préféré aller m'étendre plutôt que de partager la table de mes hôtes pour le repas du soir, sachant que je ne pourrais de toute manière rien avaler.

Or, en début de soirée, alors que je venais tout juste de m'assoupir enfin, Serge m'a téléphoné pour m'annoncer que mon père venait de faire un arrêt cardiaque et que les médecins s'attendaient au pire. Paniquée, je me suis empressée d'appeler aux soins intensifs pour me faire dire, à ma grande consternation, qu'il n'en avait probablement plus que pour quelques heures. Comme je lui avais fait la promesse, au chevet de ma mère mourante, d'être présente à ses côtés au moment de sa mort, j'ai demandé au médecin de lui faire savoir que je serais là le plus tôt possible.

Prenant les choses en mains, mon amoureux s'est arrangé pour me trouver un vol de retour dès le lendemain matin, puisqu'il n'y avait aucun trajet de nuit prévu en direction de Montréal. À mon réveil, mon père était toujours dans un état critique, mais encore en vie. Je n'avais aucune idée si j'allais arriver à l'hôpital à temps, me trouvant séparée de lui par sept heures de vol et plus de deux heures de route.

Éprouvée par les turbulences dans l'avion et le décalage horaire, je me suis effondrée, en larmes, voyant que ma valise tardait à arriver sur le tarmac. Serge venait de me texter que mon père était toujours vivant, mais que je devais faire vite… Une fois sortie de la douane, je me suis précipitée dans les bras de mon amoureux en pleurant, exaspérée et transie, ne sachant plus à quel saint me vouer.

Pourtant, ce n'est pas tant l'idée de sa mort qui me chamboulait autant. Au contraire, ayant tellement de facilité à communiquer avec l'au-delà, je la voyais plutôt comme une libération et, éventuellement, une occasion de pouvoir communiquer plus librement avec l'âme de mon père. Toutefois, l'angoisse de ne pouvoir remplir ma promesse et de ne pas être présente pour faciliter son passage me nouait les entrailles. Nous avions eu tellement de heurts, de conflits et de « confrontations » que la petite fille en moi avait peur qu'il m'en veuille une fois de plus… mais cette fois pour de bon ! Comme quoi on aura beau travailler sur nous et guérir les blessures du passé, nous n'en demeurons pas moins sensibles et fragiles quand vient le temps d'affronter des événements majeurs.

Je suis fort heureusement arrivée à temps. Toute la famille paternelle, mes oncles, tantes et de nombreux cousins m'attendaient dans le corridor en compagnie de la famille de ma belle-mère. S'écartant sur mon passage, ils m'ont fait une haie d'honneur, me remerciant d'être venue et me félicitant d'une tape sur l'épaule pour mon courage quant aux épreuves des dernières heures.

Dans la chambre, la femme de mon père a écarquillé les yeux en me voyant, et ma fille m'a enlacée avec fougue, me disant qu'elle avait « tout fait » pour le maintenir en vie, appuyant même sa main sur le dessus de sa tête pour ne pas laisser son âme s'envoler. Mon frère, ma sœur et leurs conjoints sont aussi présents autour du lit, ce qui fait beaucoup de monde pour une si petite chambre.

Alors, à mon grand étonnement – et à celui de toutes les personnes présentes –, mon père a ouvert les yeux et s'est relevé bien droit dans son lit ! Moi qui croyais accueillir son dernier soupir, voilà que je le vois plutôt s'animer et prendre la parole comme si de rien n'était. Content de me voir arriver, il affirma que ma présence lui redonnait un regain de vie et, plutôt que de s'apitoyer sur son sort, il me demanda plutôt des nouvelles de mon voyage !

Pendant plusieurs longues minutes, nous avons tous conversé joyeusement, mon père faisant même des blagues au sujet de sa soudaine « rémission ». Comme ce n'était pas la première fois que je côtoyais une personne en fin de vie, je savais que les apparences sont parfois trompeuses, mais ce court instant de bonheur aura permis à mon père de se sentir mieux, entouré de toute sa famille.

Ses parents et amis ont profité de ce moment de répit pour venir le saluer et discuter quelques minutes avec lui, tandis que, de mon côté, j'allais rejoindre mon mari et mes autres enfants pour leur donner des nouvelles. Finalement, je suis arrivée à l'hôpital vers seize heures et mon père est décédé peu après minuit. Contrairement à ma mère, il était sous forte médication, alors mon frère et moi ne parvenions pas à l'aider à quitter son enveloppe physique. Il sortait parfois de son corps, lorsque nous faisions monter l'énergie dans ses jambes, mais dès que son cœur arrêtait, une injection automatique de nitroglycérine le faisait repartir. Et, comme ma belle-mère croyait qu'il y avait encore des chances pour que mon père ne succombe pas, il n'était pas question de faire retirer les tubes qui alimentaient ses veines…

Je suis demeurée à Joliette quelques jours de plus pour les funérailles et les trucs légaux, et, comme toutes mes activités en Suisse avaient été annulées, je me suis rendue chez mon amie Geneviève à Perpignan, moins d'une semaine plus tard. Ma copine m'a accueillie à bras ouverts et les quelques jours passés dans sa famille m'ont fait beaucoup de bien.

Dans les semaines qui ont suivi, par contre, je me suis beaucoup remise en question sur le plan professionnel. Avais-je vraiment envie de continuer de vivre comme ça, sur les routes du monde, déchirée entre ma famille, mes amis ou ma communauté de vie et les demandes de plus en plus pressantes de ces personnes chères à mon cœur ayant soif de spiritualité ?

Au cours des sept dernières années, j'avais passé en moyenne de trois à cinq mois par an en Europe, multipliant les allers et retours et éprouvant de plus en plus de fatigue, tant sur le plan physique que moral. L'idéal aurait été que je puisse m'installer là-bas, dans un pied-à-terre, pour une période prolongée ; laissant là tous mes bagages et n'emportant dans mes déplacements qu'un léger sac à dos, mais alors mon mari et mes enfants me manqueraient certainement très fort... Et, bien entendu, avec les ennuis financiers que nous avions connus, nous n'avions pas les moyens de payer l'équivalent de deux loyers, un de chaque côté de l'océan !

« Si tu ne fais pas passer tes besoins en premier, me dit mon amie Geneviève, ton corps te lâchera une fois de plus !

– Si tu ne te considères pas comme assez importante, ajouta Gaïa, comment veux-tu enseigner aux autres à reconnaître leur propre lumière intérieure ?

– Les enfants sont grands maintenant, de renchérir mon tendre conjoint. Trois d'entre eux ont déjà quitté la maison, tu peux bien te permettre de partir plus longtemps... »

Je me disais que, si j'étais plus riche, au lieu de revenir au Québec entre chaque tournée européenne, j'inviterais plutôt ma famille à venir me visiter durant mes périodes de vacances... Ce serait beaucoup plus amusant !

«Tu ne peux pas décider pour les autres, me précisa Gaïa, mais qu'est-ce qui t'empêche de te choisir *toi* et de prendre la meilleure décision pour ta propre qualité de vie ? N'est-ce pas ce que tu enseignes autour de toi, qu'il faut "prêcher par l'exemple" ?

– Je sais, mais comment faire ? demandai-je, penaude.

– Ne disperse pas ton énergie à chercher des solutions ou des moyens concrets, insista Gaïa. Passe à l'action et laisse l'univers te soutenir ! »

Qu'à cela ne tienne ! L'une de mes connaissances m'offrait un appartement en bordure de mer, près de chez mon amie Geneviève, à seulement cinq cents euros par mois. «Au pire, me dis-je, je ferai quelques consultations de plus par semaine... Si ça peut m'éviter un ou deux trajets en avion, ça vaut sûrement la peine ! »

J'ai donc effectué ma réservation pour l'automne suivant, débutant par un mois complet sur place, avec la possibilité de renouveler au besoin. L'après-midi même, j'ai reçu un appel des plus déroutants : mon père m'avait laissé de l'argent en héritage ! Je ne croyais pas que cela pouvait être possible, car celui-ci nous avait bien précisé, lors de son remariage, qu'il laisserait tout (sa maison, son fonds de pension et ses maigres économies) à sa nouvelle conjointe, ce que nous pouvions comprendre. Or, il semblerait que mon père avait contracté une assurance vie du temps où il était encore en bonne santé – quand ma mère était encore vivante – et que nous étions tous ses bénéficiaires : mon frère, ma sœur, ma belle-mère et moi.

Le montant m'a permis de non seulement couvrir mes frais pour plusieurs mois dans le sud de la France, mais d'y accueillir deux fois mon mari – la première en compagnie de notre fille et la seconde en compagnie de notre benjamin. Il nous est même resté suffisamment d'argent pour effectuer quelques rénovations urgentes dans notre maison familiale...

En outre, le fait de passer plus de temps avec Geneviève s'est aussi avéré plutôt payant, car nous avons entrepris de donner des ateliers ensemble tant en Europe qu'au Québec, expérience à la fois très agréable et amusante. Il faut dire que nous nous ressemblons tellement que, bien souvent, nous terminons les phrases de l'autre. Nous avons les mêmes goûts, les mêmes défis, les mêmes habitudes de vie et la même manière d'éduquer nos enfants. Pas de doute, nous faisons bien partie de la même famille d'âmes !

Durant mon long séjour à Perpignan, Geneviève m'a fait rencontrer plusieurs de ses amis et nous avons eu le bonheur d'en accueillir par la suite quelques-uns, chez nous, au Québec. Nous leur avons fait visiter non pas les endroits les plus touristiques, mais plutôt ceux qui parlaient le plus à notre cœur ; leur faisant découvrir des restos sympas, des paysages sauvages, mais ô combien formidables et, surtout, des personnes de différentes régions au cœur grand comme le soleil ! Mes nouveaux copains ont eu le coup de foudre pour notre belle province... C'est ce qui m'a d'ailleurs donné envie d'organiser des groupes en provenance de l'étranger, qui viendraient bénéficier de mes formations sur place tout en ayant la possibilité d'en profiter pour faire un peu de tourisme.

Et si cela me permettait de voyager moins ou, au minimum, de me déplacer moins loin, à l'intérieur de mon propre pays ?

Cette ouverture qui s'est créée en dedans de moi a certainement dû ouvrir des portes closes, car, dans les mois qui ont suivi, j'ai reçu plein d'invitations à aller animer des séminaires en région (Chicoutimi, Québec, Gatineau, Beauce, etc.). J'ai alors pris conscience que je nourrissais en moi depuis des années la fausse croyance stipulant que « nul n'est prophète en son pays », ce qui m'obligeait à passer autant de temps en Europe, présumant que je ne pourrais gagner ma vie en travaillant seulement dans les limites de ma province...

Il faut avouer que, si nous sommes huit millions d'habitants au Québec, la France à elle seule en compte près de dix fois plus... sans oublier ma « vaste » clientèle suisse et belge ! De plus, avec la traduction de mon livre *Bienvenue dans la 5e dimension* en anglais et en russe, de nouvelles possibilités s'offraient à moi et je recevais de plus en plus de demandes de consultations d'anglophones habitant aux États-Unis, en Angleterre, en Australie et même ailleurs !

Le plus génial, c'est que, dès l'été suivant, des Québécois ont commencé à participer aux différentes balades initiatiques que je proposais, dont celle en Bretagne et en Angleterre. Le fait de mêler les cultures francophones (Québec, France, Suisse et Belgique) fut des plus enrichissants pour tout le monde et, je le confesse, je n'ai jamais autant ri de ma vie que durant ce voyage remarquable !

En fait, si j'adore partir à la découverte de nouveaux endroits et explorer des sites énergétiques, la réalité de retourner au même endroit ne m'enchantait guère. J'avais l'impression d'avoir déjà contacté toutes mes mémoires reliées à Brocéliande et, donc, de revenir « juste » pour en faire profiter les autres… Heureusement, mon organisateur, François qui était aussi un bon ami et qui connaissait très bien la région, avait promis de nous faire « sortir des sentiers battus », de parcourir avec nous des espaces peu connus et de nous dévoiler les secrets les mieux gardés de la forêt bretonne.

Il ne nous avait pas menti : dès le premier jour, en plus de nous faire visiter le charmant petit village de Paimpont, il nous a fait déguster maintes spécialités bretonnes – et pas seulement des galettes, mais de la cotriade, de l'andouillette, des haricots de Paimpol, *et cetera* – accompagnées de desserts typiques : far breton, gâteau caramel au beurre salé et, bien sûr, fameuses crêpes flambées à la chantilly… De vrais délices !

Dans les jours qui ont suivi, outre les lieux touristiques « classiques », tels le tombeau de Merlin, le val sans retour et le chêne à Guillotin, François nous a emmenés arpenter le comté de « Folle-Pensée » pour nous rendre à la fontaine de Barenton où nous avons ressenti, autour du bassin d'eau claire, de fantastiques énergies célestes ainsi que la présence de nombreux esprits de la nature… L'un d'entre eux nous faisait même la faveur d'apparaître sur l'une de nos photos ! **(voir Illustration # 17)**.

Puis, nous nous sommes rendus au Tombeau des Géants où je ne m'étais pas arrêtée lorsque j'avais visité l'Hôtié de Viviane, situé juste à côté. Fascinée, je n'ai pu m'empêcher de remarquer la similitude entre ce lieu et celui des « pierres tremblantes », près du Bugarach. Tout comme dans l'Aude, nous pouvions pressentir ici qu'il ne s'agissait pas d'un gigantesque mausolée, mais plutôt des vestiges d'un grand vaisseau lumineux, transformé en pierre au cours de la préhistoire **(voir Illustration # 18)**.

J'étais accompagnée de copines québécoises aussi fans que moi des expériences mystiques. Nous nous sommes donc amusées à réactiver la navette extraterrestre, permettant ainsi à chaque participant d'expérimenter en direct cette forme trépidante d'énergie cosmique. Nous avons tous vibré très, très fort dans cet endroit tout simplement mirifique !

Quoi qu'en dise la légende, nous n'avons cependant trouvé aucune trace du roi Arthur et des chevaliers de la Table ronde à Brocéliande. La forêt sacrée semblait être encore habitée par des druides, des fées et de la magie – et peut-être que Merlin et Vivianne avaient réellement résidé quelque temps sur place –, mais d'imaginer que l'épopée de Camelot se soit véritablement déroulée dans cette région me laissait perplexe. Et si le récit lu dans la *Bible des Âmes* au sujet du dernier fils de Jésus laissait supposer que Joseph d'Arimathie l'avait confié pendant toute son enfance à une respectable famille celte, celle-ci ne demeurait certainement pas dans les parages…

Les seules allusions nous permettant d'établir un lien entre le mythe arthurien et les descendants du Christ se trouvaient dans la petite chapelle de Tréhorenteuc, dite « église du Graal », rénovée autour de 1942 par un certain abbé Gillard. Celui-ci, convaincu que le message de l'Évangile et celui de la Table ronde sont identiques, parsèmera son église de symboles celtiques et astrologiques plutôt déroutants aux yeux des néophytes chrétiens. Un écriteau spécifie d'ailleurs, à l'entrée de l'oratoire, que « la porte est en dedans »...

Pour ma part, j'étais ravie de découvrir, sur les différents murs et vitraux de la chapelle, plusieurs représentations de Marie-Madeleine, tout de rouge vêtue et pouvant parfois être confondue (volontairement ou non) avec la fée Morgane ou sainte Onenne, gardienne du lieu et de la source aux propriétés curatives qui coule à proximité **(voir Illustration # 19)**.

Fait notable, alors qu'il faisait généralement un beau soleil durant nos promenades à travers les différents cantons de Brocéliande, chaque fois que nous prenions le temps de nous arrêter pour méditer ou faire un rituel quelconque, il se mettait à pleuvoir !

Cela nous a d'ailleurs fait bien rire lorsque, poursuivant notre visite de l'autre côté de la Manche, en Angleterre, nous avons été accueillis par un douanier qui nous a souhaité d'avoir un peu de beau temps parce que, disait-il, il pleuvait sur tout le sud depuis plus d'une semaine. Nous l'avons rassuré en lui rétorquant que nous apportions le soleil... ce qui a été le cas pour pratiquement tout le reste du voyage – sauf, bien entendu, lorsque, de temps à autre, nous nous intériorisions pour pratiquer quelque cérémonial que ce soit.

Nos premières activités au Royaume-Uni consistaient à aller explorer les *crop circles* (« cercles de culture » ou « agroglyphes ») en compagnie de Jérémie, un guide-photographe ami de notre organisatrice française. Tour à tour, nous avons d'abord survolé différentes prairies de la campagne anglaise, dans de minuscules monomoteurs, à la recherche de ces formes bizarroïdes qui apparaissent de manière incompréhensible dans les champs de céréales. Nous avons eu le privilège d'en observer plusieurs, dont un en particulier, fraîchement apparu le matin même et qui représentait un château à cinq pointes dressées vers le ciel. C'était vraiment impressionnant **(voir Illustration # 20)**.

Nous avons été encore plus épatés lorsque nous sommes allés déambuler à l'intérieur même des agroglyphes : l'énergie que nous ressentions était phénoménale. Même avant d'avoir visionné une vidéo nous montrant des boules de lumière traverser les champs à toute vitesse, faisant fléchir les blés pour créer comme par magie des dessins hautement symboliques, nous « savions » qu'ils étaient l'œuvre d'êtres divinement inspirés. Qu'il s'agisse d'élémentaux, d'intra ou d'extraterrestres n'avait guère d'importance : nous étions tous reconnaissants au ciel d'avoir eu le privilège de contempler ces splendeurs conçues par des intelligences supérieures.

Constatant notre intérêt pour des manifestations sortant de l'ordinaire, notre guide nous a ensuite proposé d'aller nous balader dans une forêt des environs où, paraîtrait-il, des druides se rassemblent encore pour pratiquer des rituels celtes. Dès le moment où nous avons pénétré dans le sous-bois, mes copines et moi avons perçu qu'un être multidimensionnel s'y trouvait, se dérobant toutefois à notre regard. Mon amie Lucie et moi avions bien envie de suivre sa trace, mais notre accompagnateur nous a sommées de le suivre en direction du point de rendez-vous des « sourciers ».

Tout près de là, nous avons aperçu un talus de forme arrondie, ressemblant fortement aux tumulus que j'avais visités en Irlande et qui se retrouvaient aussi – je ne le savais pas encore – un peu partout en Angleterre. Or, celui-ci avait l'allure d'un igloo ou d'une tanière de dragon. À peine ai-je formulé cette pensée que le propriétaire du lieu pointa le bout de son nez… ou plutôt, devrais-je dire, ses naseaux, car il s'agissait bien d'un jeune dragon aux écailles verdâtres ! Alors que notre groupe entourait son antre pour ressentir ses vibrations surnaturelles et honorer cette visite impromptue par un chant de gratitude et de joie, le reptile vaporeux, tout content, se mit à tournoyer et à danser autour de nous.

Nous percevions une puissante énergie masculine dans ce lieu. La magie blanche qui y était pratiquée tirait assurément sa source d'une longue lignée de druides remontant sans doute à la nuit des temps. Le dragon était le gardien de leur sanctuaire.

Étant davantage interpellées par le culte de la Déesse mère, Lucie et moi avons proposé au groupe de revenir sur nos pas afin de suivre la piste qui nous avait attirées, au départ, à notre entrée dans le bois. Jérémie craignait toutefois que nous nous perdions si nous sortions des sentiers balisés. Ne connaissant pas trop le territoire, il hésitait à nous emboîter le pas. C'est alors que, devant mes yeux, un tracé iridescent violet s'est dessiné sur le sol. Les prêtresses de la forêt nous lançaient une invitation à les rejoindre !

N'écoutant que ma petite voix intérieure, je m'empressai d'ouvrir la voie, tout le reste du groupe sur mes talons. Le sentier lumineux nous mena à une magnifique clairière où, apparemment, d'autres rituels magiques avaient été accomplis. Cet endroit irradiait d'énergie féminine. Tout comme notre ami le dragon, nous avions à notre tour envie de danser et de festoyer. Lucie entama un chant cristallin consacré à la Grande Déesse présente au centre de la Terre… tout comme à l'intérieur de chacun d'entre nous. Nous avons alors uni nos voix à la sienne et avons célébré en chœur notre joie d'être vivants et consciemment reliés à l'univers. Ce moment absolument divin restera marqué dans ma mémoire bien davantage que ma visite à Stonehenge où je rêvais pourtant de me rendre depuis ma tendre enfance.

De tout le Royaume-Uni, le site archéologique le plus visité doit sans aucun doute être le célèbre cercle de pierres de Stonehenge. Des cars entiers de touristes y défilent à toute heure du jour, prenant en photo les pierres légendaires en circulant de façon nonchalante sur les remblais de gravier situés à plus de cinquante mètres de l'amas de rochers gisant sur place depuis plusieurs millénaires. Quelle déception pour l'admiratrice inconditionnelle que j'étais. Il y avait plus de décorum dans l'austère cathédrale de Westminster qui, pourtant, donnait froid dans le dos. On aurait dit que nul n'était intéressé par les mystères entourant cet espace sacré. Pire encore, de loin, les pierres elles-mêmes avaient l'air d'un décor en carton-pâte que l'on aurait reconstitué à la hâte sans laisser de traces… « Et si c'était le cas ? » n'ai-je pu m'empêcher de me demander.

Il régnait dans cette enceinte mise sous barbelés tant de vulgarité et de médiocrité qu'aucune vibration lumineuse n'était perceptible, pour ma plus grande frustration. À moins d'une quinzaine de kilomètres, un autre cercle de pierres laissé à l'abandon et traversé par une route de campagne vibrait davantage que ce lieu ! Mais les dimensions de l'alignement d'Avebury étaient quatre fois plus considérables que celles de Stonehenge… et tellement plus « interpellantes » pour l'âme et le cœur !

C'est à cet endroit que nous avons pratiqué un rituel d'ouverture de porte multidimensionnelle qui nous a réconciliés avec nos propres mémoires celtiques et unifiés dans la magie des landes galloises. Le tout sous la pluie, bien évidemment, mais ce n'était pas plus mal, car, en plein été, les visiteurs sont nombreux dans la région, mais circulent très peu en plein air lorsqu'il pleut à torrents.

D'autres attractions locales nous ont aussi ravis et comblés de joie. Mon coup de cœur : Glastonbury. Non pas seulement parce que son illustre colline, le Tor, est supposément située à l'emplacement exact de l'antique île d'Avalon, mais plutôt pour la simple raison que la ville tout entière baigne dans une atmosphère de conte de fées.

Pendant que mon organisatrice et moi planifiions notre balade chez nos cousins britanniques, j'étais entrée en contact avec la responsable d'un temple dédié à la Grande Déesse, que nous espérions avoir le plaisir de visiter avec le groupe. Moyennant une contribution financière minime, celle-ci a accepté de nous recevoir dans la petite chapelle et même nous faire vivre une cérémonie spirituelle en hommage à toutes les déesses du la roue de médecine celte. De plus, elle nous proposait de nous accompagner sur la route du Tor pour nous faire gravir le tertre par la voie des initiés plutôt que par l'escalier emprunté par les touristes.

Durant la demi-heure que dura notre ascension, j'ai vainement cherché des signes de la présence du « petit peuple » foisonnant sur l'île mythique. Mais tout ce que je pouvais percevoir, c'étaient les lignées de prêtresses parcourant en guise d'initiation un mystérieux labyrinthe souterrain parsemé d'embûches et d'énigmes de toutes sortes. Une fois notre groupe parvenu au sommet, un vent violent s'éleva et le ciel s'assombrit en quelques minutes. Nous nous sommes réfugiés à l'intérieur de la tour, mais ayant l'impression qu'une tempête se préparait, nous avons décidé de redescendre au plus vite.

De retour au pied de la colline, cependant, les nuages s'éclaircirent et le soleil revint comme par enchantement. Nous en avons donc profité pour aller pique-niquer et, par la suite, flâner dans les jardins splendides de Chalice Well. En retournant vers nos voitures, nous nous sommes arrêtés pour jeter un coup d'œil aux vestiges de l'abbaye de Glastonbury, où, semble-t-il, Arthur et Guenièvre auraient été enterrés. Sous les fondations d'une ancienne chapelle, nous nous sommes regroupés autour d'un autel de pierre et avons voulu y méditer un instant, mais les responsables du site sont venus nous aviser que cela était absolument interdit.

Nous avons donc dû nous contenter de nous promener parmi les feuillus entourant la propriété pour admirer un bosquet d'aubépine qui aurait été planté par Joseph d'Arimathie en personne et qui fleurit encore de nos jours. L'arbre en question semblait « habité », comme en témoigne une photo prise de ladite aubépine ornée d'un orbe bleuté aux dimensions fort appréciables (**voir Illustration # 21**).

Malgré toutes nos péripéties, les participants ont tellement apprécié Glastonbury qu'ils ont préféré y retourner plutôt que d'aller visiter Londres le dernier jour de notre voyage.

Entre-temps, il nous restait à explorer la fabuleuse cité de Tintagel qui, tout comme le château de Comper, se targue d'avoir été le siège des aventures de la Table ronde. Après avoir parcouru trois cents kilomètres nous séparant de cette forteresse en bord de mer, nous avons été fort déçus de constater qu'il ne s'agissait que de ruines d'un village du Moyen Âge, sans âme et sans lumière. De plus, de puissantes antennes paraboliques avaient été construites sur le cap de roche face à l'ancien château fort, ce qui faisait que, bombardés par les micro-ondes, nous ne pouvions pas ressentir sur place quelque vibration lumineuse que ce soit. Pour ma part, j'ai même souffert d'un léger mal de tête et j'avais plutôt hâte de repartir vers d'autres lieux plus cléments.

Certaines personnes du groupe avaient l'impression que toutes ces stations radioémettrices avaient été placées là par des forces obscures et contrôlantes souhaitant occulter les énergies de tous les sites sacrés en terre britannique, ce qui pourrait fort bien être le cas. Mais, en même temps, l'opinion que j'avais de tout cela était très simple et se résumait en une allégorie très éloquente :

« Imaginez que vous êtes un fermier et que, sous prétexte de vouloir visiter votre ferme, les gens entrent dans votre poulailler et se mettent à manipuler les œufs. N'auriez-vous pas envie, vous aussi, de les mettre à l'abri et de les garder pour vous ?

– Mais, ces lieux ancestraux, dit une participante, ils n'appartiennent à personne…

– Le gouvernement de ce pays dirait le contraire, répliquai-je à mon tour. Ces sites historiques sont très lucratifs sur le plan économique et je suis certaine que les politiciens ne souhaitent pas qu'une ribambelle d'illuminés avides de mystères fasse fuir les touristes… »

Il va de soi que nous étions un tantinet désabusés par l'exploitation commerciale excessive de ces hauts lieux vibratoires n'ayant rien à voir avec la sérénité et le charme pittoresque de Brocéliande. Néanmoins, le plaisir que nous avons éprouvé à découvrir ces espaces hors du commun, à chanter, à danser et à rire ensemble dans la légèreté et la simplicité du cœur nous ont tous comblés au-delà de nos espérances…

Chapitre QUINZE

La Bible des Âmes, rêve ou réalité ?

Dans les mois qui ont suivi mon voyage en Bretagne et en Angleterre, j'ai senti qu'une partie de ma passion pour les ateliers et les formations s'était éteinte à partir du moment où j'ai pris conscience que je pouvais me nourrir davantage en dehors des périodes intenses d'enseignements et de canalisations, juste en me permettant d'être moi-même et de jouir du quotidien sans culpabilité.

Je me rendais compte que la partie de moi qui avait besoin d'avoir une « mission » ici, sur terre, ou de se sentir utile auprès de ses semblables était en fait l'aspect de ma personnalité qui, au fond, craignait de se retrouver seule et désœuvrée. Au cours de ces quinze jours constamment en communion avec le groupe, j'ai pris conscience que, bien au-delà de ce que les enseignements pouvaient transmettre, c'est mon rayonnement dans la simplicité qui interpellait le plus les gens. Tout au long du séjour, combien de fois ai-je entendu les participantes me dire à quel point elles enviaient ma relation heureuse et épanouie avec Serge, mon amoureux depuis plus de 25 ans.

Les compréhensions que j'avais acquises au sujet des jeux de pouvoir entre les individus, des blessures d'âmes et des étapes du deuil que l'on traverse régulièrement au fil des événements de la vie m'avaient essentiellement servi à construire ma propre solidité intérieure ainsi qu'à mieux comprendre mes proches et à faire la paix avec le passé... et les autres !

Je me rappelle que durant mes premiers stages, je disais déjà aux participants qu'un jour, quand j'aurais intégré en profondeur tout ce que j'enseigne, je prendrais ma retraite ou je passerais à autre chose. Et voilà que je sentais à l'intérieur de moi que ce moment était venu. Je n'avais plus qu'une seule envie : m'installer dans un petit chalet en nature et savourer ma tranquillité d'esprit.

Bien entendu, je savais qu'il me restait encore trop d'énergie vitale pour demeurer immobile, sans rien faire de mes journées, mais je ne tenais plus à être autant dans l'action qu'avant ni surtout à me déplacer partout dans le monde. Le nombre incalculable d'avions, de trains, de restaurants et de chambres d'hôtel fréquentés au fil des ans avait eu raison de mon engouement pour les voyages et je n'aspirais plus qu'à déposer mes valises quelque part et à me reposer pour de bon.

Les enfants avaient tous quitté la maison. Serge et moi avions donc mis notre résidence familiale en vente et nous nous sommes mis à la recherche d'une propriété moins spacieuse, idéalement située quelque part au bord d'un cours d'eau. Comme notre région comptait à elle seule plus d'une centaine de lacs et de rivières, ce n'était pas le choix qui manquait. Pendant plusieurs mois, nous avons épluché les petites annonces, parcouru les sites Internet et visité plusieurs maisons à vendre ou à louer, mais sans jamais dénicher la perle rare.

Souvent, Serge me demandait : « Qu'est-ce que tu vas faire de tes journées, une fois installée en campagne, loin de tout ? »

Et moi, je répondais: «Rien! Je vais me contenter de contempler le paysage, de lire, de faire un jardin et peut-être même d'écrire un nouveau livre...»

Décidément, la fatigue accumulée dans mon corps m'incitait à vouloir seulement m'arrêter et à prendre du temps pour moi. Facile à dire, quand on sait que deux de nos enfants étaient encore à l'université et que, comme tout le monde, nous avions des comptes à payer, de même que de nombreuses charges à assumer. Je me sentais disposée à faire quelques consultations par semaine, cinq ou six, pas plus, histoire de me maintenir à flot. Mais cela voulait dire que Serge allait devoir de son côté effectuer un retour au travail à temps plein, ce qui ne l'enchantait guère.

Toutefois, mon amoureux étant généreux de nature et ayant du talent à revendre, il lui a fallu moins d'une semaine pour se trouver un emploi en informatique, occupant un poste semblable à celui qu'il avait, comme il le disait, «dans son ancienne vie» (avant que nous fondions ensemble notre entreprise spécialisée en animation et *coaching*).

Pendant ce temps, néanmoins, nul acheteur ne se présentait pour notre maison et aucune nouvelle propriété ne semblait retenir notre attention. Comme à notre habitude, nous nous sommes donc intériorisés afin de nous interroger sur ce qui, à l'intérieur de nous, pouvait bien faire obstacle à la matérialisation de nos désirs. Serge s'est vite rendu compte que son travail actuel en informatique n'offrait que peu de défis intéressants comparativement à notre collaboration étendue et diversifiée en tant que travailleurs autonomes. Pour ma part, j'ai pris conscience que j'avais quand même besoin de rencontrer des gens et de m'investir dans un projet qui permette à mon énergie créative de continuer à circuler librement.

Sentant que nous devions «ouvrir nos horizons» et, une fois de plus, focaliser sur le but plutôt que sur les moyens, mon compagnon et moi-même avons pris le temps de visualiser la maison qui nous serait en tous points idéale, sans tenter de délimiter le territoire où nous allions habiter. Nous avons identifié par écrit nos besoins (un lieu tranquille, loin des voisins, avec au minimum trois chambres et un grand bureau bien éclairé), puis nous y avons ajouté les améliorations qui la rendraient encore plus attrayante à nos yeux (de belles grandes fenêtres avec vue sur un panorama enchanteur, un perron assez vaste pour y installer notre bain à remous extérieur, un poêle nous permettant de chauffer au bois et suffisamment d'espace pour accueillir toute notre famille et les meubles nécessaires), le tout, bien entendu, dans le respect de notre budget actuel.

Sur le plan professionnel, j'avais envie de collaborer à la réalisation d'un projet communautaire où les gens seraient mis en premier, préférablement aux connaissances ou aux résultats. Ayant été longtemps chef de mon entreprise, j'aspirais à faire partie d'une collectivité partageant équitablement les responsabilités et les idées, plutôt que de « porter » l'entièreté du *leadership* sur mes épaules. Je souhaitais me contenter « d'enseigner par l'exemple » et de démontrer qu'il est possible de mettre notre ego de côté pour faire advenir le meilleur à la fois pour chacun et pour l'ensemble d'un groupe… Je rêvais tout simplement de vivre en harmonie et en équilibre au quotidien dans la 5e dimension.

Chose étrange, une occasion opportune s'est présentée l'après-midi même, alors qu'une copine a fait mention sur sa page Facebook d'un domaine en banlieue de chez elle, gérée par une famille de thérapeutes, où l'on utilisait la zoothérapie avec le cheval pour accompagner les enfants et les adultes en difficulté. Les propriétaires envisageaient même de construire un centre de santé avec bains nordiques pour que les parents puissent profiter d'un moment de répit tandis que leurs proches bénéficient d'un accompagnement spécialisé. Sur le coup, j'étais emballée. Le seul petit problème en vue était que le ranch se trouvait à Sainte-Brigitte-de-Laval, soit à 25 minutes de la ville de Québec, mais à plus de 3 heures de route d'où nous habitions.

Envisageant d'aller faire un tour sur place, quelle ne fut pas ma surprise, quelques jours plus tard, de voir mon tendre conjoint recevoir un appel de Louis, l'un de nos amis de longue date, qui lui demandait s'il souhaitait venir lui donner un coup de main dans sa compagnie spécialisée en gestion de patrimoine, car celui-ci était débordé. Louis avait déjà soumis cette même proposition à mon mari deux ans plus tôt, mais comme nous avions encore des enfants habitant avec nous et que son entreprise était située à Québec, Serge avait décliné l'offre… qui, dans le contexte actuel, redevenait alléchante !

À partir de ce moment-là, tout s'est mis à aller très vite. Avant même que nous ayons eu la possibilité d'évaluer le marché immobilier dans la capitale nationale, la propriétaire du centre équestre me mentionnait que sa sœur avait une maison à louer à moins d'un kilomètre de chez elle. Si par miracle ce lieu correspondait en tous points aux souhaits formulés quelques semaines auparavant – un magnifique chalet suisse situé dans la montagne, en bordure d'une rivière, à moins de trois bornes du village de Sainte-Brigitte –, le coût nous paraissait sensiblement élevé en comparaison de ce que nous pourrions obtenir comme location pour notre maison actuelle, si elle ne se vendait pas d'ici notre départ.

Or, il y avait trop de synchronicités dans l'air pour que nous refusions cette offre plus que séduisante. Dans les jours qui suivirent, je fis plusieurs rêves étonnants concernant la région où nous envisagions de déménager. Le premier eut lieu tandis que je passais la nuit au domaine équestre, apprenant à faire connaissance avec mes futurs collègues de travail. Mon songe avait lieu dans une cité cristalline semblable à celle de Ripaï, près d'Annecy, en France. J'y voyais déambuler des êtres étranges, mi-hommes, mi-bêtes, à l'apparence d'animaux, mais avec une conscience lumineuse suprahumaine. Des genres d'oursons au nez plat, ressemblant aux *ewoks* du film *Star Wars*, des loups rehaussés d'une crinière de lion et même des dragons poilus dignes de figurer dans *L'histoire sans fin*. Tous vivaient dans l'harmonie et la complicité solidaire au cœur d'une ville multidimensionnelle aux proportions titanesques **(voir Illustration # 22)**.

Si, dans mon rêve, les loups s'approchaient de moi pour soulager mes douleurs intestinales, les oursons m'invitaient, eux, à parler aux arbres et aux esprits de la nature, tandis que je chevauchais un dragon ailé à la douce fourrure laineuse, sillonnant un ciel ensoleillé… à plusieurs centaines de mètres sous terre ! Ayant l'habitude des visions farfelues, je n'ai pas fait de cas de ce songe somme toute amusant… jusqu'à ce que je me rende compte que les êtres en question existaient bel et bien en ce lieu.

N'arrivant pas à me connecter aussi bien à eux à distance, j'étais donc impatiente d'emménager au chalet, d'autant plus que l'été allait bientôt débuter et que je savais que je pourrais aller me promener à ma guise dans la montagne où je les avais tous vus en rêve…

Une question cependant me turlupinait : « Pourquoi Québec ? Parmi tous les lieux disponibles en montagne dans la province, pourquoi devais-je déménager à cet endroit précis ? »

Il faut avouer que cette ville est située beaucoup plus au nord que Montréal, donc qu'il y fait pas mal plus froid. Je n'étais pas une grande *fan* de l'hiver. L'idée de me retrouver avec des congères de plus de trois mètres de haut devant la maison et des températures avoisinant moins trente degrés Celsius ne m'enchantait donc guère… Je m'imaginais avec consternation que la saison hivernale devait bien durer un mois de plus chaque année qu'à Saint-Ambroise !

Bien entendu, je ne pouvais m'empêcher d'établir un lien entre Sainte-Brigitte-de-Laval et Brigit de Kildare. Encore une fois, j'allais me retrouver malgré moi dans un fief érigé par des Irlandais, dans un lieu entouré de forêts et de montagnes semblables à la Terre d'Émeraude. La présence des êtres de la nature me laissait supposer qu'il y avait aussi des fées et des licornes aux alentours, mais quel rapport cela avait-il avec moi ? Devais-je rétablir le contact avec le monde invisible et m'unifier encore une fois à la Déesse mère sur cette nouvelle Terre d'abondance ?

Prenant mon courage à deux mains, je me suis intériorisée pour vérifier, dans la *Bible des Âmes*, ce qui pouvait bien, au-delà des considérations matérielles, m'attirer à cet endroit précis. L'une de mes existences antérieures, dont j'avais déjà eu un aperçu quelques années auparavant, m'est alors revenue en mémoire. Je me suis vue, en Atlantide, juste avant la chute, alors que, jeune apprenti, j'apprenais auprès d'un grand maître les pouvoirs de guérison des pierres et des cristaux. Il s'avère que mon enseignant de l'époque n'était nul autre que mon bien-aimé d'aujourd'hui, celui qui, encore à ce jour, me fait quotidiennement profiter de sa grande sagesse innée. Cet homme avait eu l'intuition que tout autour de nous serait bientôt détruit et insistait pour que nous quittions l'île au plus vite, n'emportant avec nous que certaines pierres précieuses et un immense cristal de roche devant peser non loin d'une tonne.

Pour ma part, l'adolescent que j'étais empreint de la personnalité chevaleresque qui m'a poursuivie dans plusieurs autres vies – et m'ayant valu d'être brûlée vive ou d'avoir la tête coupée –, je m'acharnais à répéter que nous devrions plutôt avertir nos compatriotes du danger imminent et les convaincre de partir avec nous. Mon maître croyait que nous ne ferions que perdre notre temps, car non seulement personne n'accorderait foi à nos propos, mais la plupart des gens, trop attachés à leurs « possessions », mettraient trop de temps à rassembler leurs biens et, en définitive, périraient de toute façon.

N'écoutant que mon courage et mon amour du prochain, je prétendais qu'il fallait tout de même tenter notre chance, mais, n'ayant que treize ans environ, j'étais conscient que ma parole ne ferait pas le poids devant celle des oracles et des conseillers de nos souverains. En outre, mon enseignant ne m'en a pas laissé l'occasion, puisqu'il m'a tout simplement agrippé par le collet et m'a traîné de force jusqu'au bateau le plus proche. J'ai pleuré tout au long de la traversée de l'océan, alors que celle-ci a certainement duré une bonne vingtaine de jours, les vents ne nous ayant guère été favorables.

La première fois que ce souvenir a refait surface en moi, il y a de cela quelques années, il s'était arrêté sur ces dernières images de tristesse et de désespoir, liées à un terrible sentiment d'échec. Mes cellules devaient avoir encore bien de la souffrance à guérir et à libérer, car ces mémoires venaient de m'émouvoir une fois de plus. Par contre, je n'ai pas eu le temps de m'apitoyer sur mon sort que d'autres scènes ont continué à défiler derrière mes paupières closes. Un vaste continent se profilait à l'horizon, mais notre navire, au lieu de s'approcher des côtes, se dirigeait droit vers une mer intérieure si large qu'on n'en voyait pas les rives.

Peu à peu, le delta s'est rétréci et je me suis rendu compte qu'il s'agissait en fait d'un fleuve très large et, surtout, très long. Nous avons mis plusieurs jours à remonter le courant pour finir par arriver face à une magnifique cascade située vis-à-vis d'une île verdoyante. Je croyais que nous allions débarquer sur l'île et nous y installer, tout comme dans l'endroit d'où nous venions et qui avait à jamais disparu, mais mon enseignant avait d'autres plans en tête.

D'abord, à plusieurs mètres de la rive, en ligne droite avec la chute, il fit jeter le cristal géant au beau milieu du fleuve. Puis, suivant l'embranchement de la rivière, il demanda au capitaine du bateau de s'approcher le plus près possible du torrent. Là, à mon plus grand ébahissement, je vis le rideau d'eau s'entrouvrir et des barques remplies de personnages colorés s'avancèrent vers nous. Mon maître et ses acolytes furent accueillis à bras ouverts, comme si nous étions attendus en ce lieu. La délégation nous escorta à travers un passage secret et nous nous retrouvâmes dans… la cité souterraine dont j'avais rêvé lors de mon dernier passage à Sainte-Brigitte !

Je n'avais pas reconnu le fleuve Saint-Laurent sur le coup, car, dans ma vision, le niveau de l'eau était beaucoup plus élevé que de nos jours : c'est tout juste si l'on pouvait apercevoir un bout de la pointe de l'île d'Orléans, alors que celle-ci fait maintenant plus de soixante kilomètres de circonférence. La chute Montmorency, pour sa part, présentait un dénivelé d'à peine quelques mètres, tandis qu'elle a aujourd'hui plus de quatre-vingts mètres de hauteur. C'est dire à quel point le paysage a pu se modifier sur quelques millénaires…

Une partie de moi, cependant, devait reconnaître le coin à mon insu, car chaque fois que j'avais à traverser le pont menant à l'île d'Orléans, une nausée montait en moi lorsque j'approchais de son point le plus élevé.

Je ne suis pourtant pas du style à avoir des craintes en voiture et j'avais maintes fois traversé le pont piétonnier au-dessus de la chute elle-même sans encombre (contrairement aux nombreuses personnes qui éprouvent des étourdissements à cet endroit). Mais je crois que certaines mémoires inconscientes devaient s'activer au contact du cristal probablement enfoui profondément dans la vase.

Cela me fut confirmé la nuit même, lorsque j'ai rêvé d'une autre vie passée en ce lieu. Celle-ci devait avoir eu lieu moins de trois cents ans auparavant étant donné que, depuis, j'ai reconnu quelques bâtiments qui existaient déjà à l'époque – dont un couvent en particulier qui, dans mon « cauchemar », faisait office d'orphelinat. Je dis cauchemar pour la simple raison que, dans cette vie-là, il n'y avait rien qui puisse me rendre heureuse. Orpheline de naissance, je me suis vue, âgée d'une dizaine d'années, devant traverser le fleuve en barque tous les matins afin d'aller travailler aux champs sur l'île.

Jusque-là, rien de bien dramatique, mais le problème c'est que chaque fois que le canot arrivait au milieu du fleuve, je devenais toute chamboulée, bouleversée à l'intérieur, un peu comme lorsque j'ai voulu, il y a quelques années, escalader le mont Bugarach. Je comprends aujourd'hui que je devais entrer en contact vibratoire avec le puissant cristal englouti, mais, du haut de mes dix ans, je ne ressentais que de la confusion et les nausées qui m'accablaient malgré moi.

Pire encore, il semblerait que ma conscience se retrouvait temporairement altérée. J'entrais dans un état de transe incontrôlable, me mettant à danser et à tournoyer dans la barque… ce qui, bien entendu, faisait rire les autres enfants, mais enrageait les fermiers et les religieuses s'occupant de nous faire passer d'une rive à l'autre. Et si, par malheur, certaines personnes tentaient de me toucher pour me faire rasseoir, au moindre contact, des images floues et révélatrices des secrets les mieux gardés de ces individus s'infiltraient en moi et je me mettais à prophétiser leur vie.

Il va de soi que j'étais considérée, par le curé et l'ensemble du couvent, comme la fille du diable en personne. Mais mon entourage aura beau me fouetter, m'astreindre à un jeûne strict et même tenter de m'exorciser, rien ne réussira à me guérir de ma torpeur hypnotique. Les religieuses, craignant que je ne sois contagieuse, ont fini par me mettre à l'écart des autres orphelins, me confinant à la buanderie – pour y travailler et y prendre mes repas, voire y dormir tant qu'il ne faisait pas trop froid –, et ce, jusqu'à ce que je finisse par attraper une pneumonie hivernale qui m'emporta avant l'âge de quinze ans.

Pas étonnant, dans ces conditions, que j'aie rechigné pendant des années à emménager dans la région de Québec, prétextant que l'énergie de la ville est trop dense et que l'hiver y dure trop longtemps... Tant que ces mémoires désagréables subsistaient en moi, mon être tout entier réagissait en ce lieu sans que je comprenne l'origine de mes malaises intérieurs.

J'ai discuté de tout cela avec mon amie Geneviève. Celle-ci m'aida à réaliser que, au contraire, le fait de venir m'installer dans la région allait non seulement m'aider à cicatriser ces blessures du passé, mais que j'étais sans doute invitée, avec mon conjoint, à réactiver ce fameux cristal que nous-mêmes avions apporté dans la région.

Moi qui avais rêvé de me faire gardienne du lac d'Annecy, qui me voyais bien installée en bordure de la Source salée pour mieux intégrer les enseignements des êtres bleus et qui m'étais imaginé prendre une retraite bien méritée sur l'île paradisiaque de Patmos, voilà que j'héritais d'une terre sacrée qui avait toujours été là, sous mes yeux, pratiquement dans mon propre jardin. Or, il m'avait fallu faire quasiment le tour de la planète pour me rendre compte que je n'avais pas été «plantée» ici par hasard et que, finalement, le plus grand trésor qui soit était à portée de ma main, chez moi, dans mon propre pays.

Mieux encore, selon Geneviève, ma récente adresse elle-même m'invitait à considérer ma nouvelle «mission» spirituelle. Habitant le 10 de la rue Lussier à Sainte-Brigitte, mon amie m'expliqua qu'en numérologie, le 10 indique un projet naissant, un nouveau départ. Le mot *Lussier*, pour sa part, pourrait s'écrire «*lux-hier*», *lux* signifiant «lumière» en latin et *hier* évoquant le passé, les vies antérieures. L'univers m'incitait donc à retrouver aujourd'hui la « lumière du passé » présente en cet endroit magique…

Cette réalité s'est d'ailleurs manifestée dès notre arrivée, car les premières photos de notre maison, prises par mon amie Grâce, révélaient sans équivoque toute l'énergie lumineuse entourant notre nouvelle demeure **(voir Illustration # 23)**.

Cerise sur le gâteau, même si nous n'avions pas réussi à vendre notre ancienne propriété avant de déménager, nous avons fait une option d'achat comme condition préalable à la location de la maison familiale et les gens qui se sont montrés intéressés nous ont proposé de hausser le montant du loyer afin de contribuer à mettre de côté de l'argent pour la mise de fonds. Or, ce montant équivalait avec exactitude à la différence entre le prix du loyer mensuel à Saint-Ambroise et celui de Sainte-Brigitte. Comme quoi, même lorsque nous avons l'impression de ne pas avoir l'argent nécessaire pour mettre de l'avant nos projets, les ressources peuvent se matérialiser de différentes manières… qui ne passent pas toujours par nos efforts personnels !

En définitive, mon contact avec le centre équestre n'aura été que le déclencheur de cette belle aventure qui, chaque jour, prend une nouvelle tournure de plus en plus lumineuse.

En août dernier, Serge et moi avons accueilli un premier groupe de touristes français venus participer à un voyage de ressourcement en nature et ayant débuté par une magnifique journée dans la forêt du domaine équestre pour un atelier chamanique coanimé par divers intervenants spécialisés. Durant tout le temps qu'a duré cette balade initiatique « québécoise », nous avons été entourés des présences lumineuses et bienfaisantes qui nous ont procuré beaucoup de réjouissances.

À titre d'exemple, lors de notre activité de maniement de tambours autour du tipi du centre équestre, plusieurs petits lutins nous ont fait ressentir leur indéniable allégresse. Certains ont même montré leur « binette » enjouée sur les photos des participants **(voir Illustration # 24)**.

Mon amie Grâce, pour sa part, a continué de photographier le terrain entourant notre chalet et des silhouettes majestueuses drapées d'une cape bleutée et rehaussées d'une couronne feuillue sont apparues sur les clichés **(voir Illustration # 25)**.

Même notre visite à l'Île d'Orléans, en compagnie du groupe de Français, s'est retrouvée ennoblie par de puissantes vibrations lumineuses, un colossal rayon violet s'étant imposé sur la pellicule de l'un des participants **(voir Illustration # 26)**.

Mais, par-dessus tout, le moment magique par excellence fut sans contredit notre rencontre époustouflante avec les baleines à l'entrée du fjord du Saguenay.

Le fleuve Saint-Laurent étant très achalandé à cette période de l'année, envahi par les touristes et les nombreux bateaux de croisière, je ne voulais pas créer d'attentes auprès de mes compagnons, sachant que, selon les conditions atmosphériques, nous pouvions tout aussi bien passer trois heures en Zodiac sans apercevoir un seul béluga. J'ai donc invité les membres du groupe à s'intérioriser pour se mettre en état de réceptivité et non d'expectative vis-à-vis des cétacés.

Tout doucement, nous nous sommes mis à chanter une ode à la Terre mère et à toutes ses merveilles, nous laissant bercer par les vagues et le vent froid qui nous ballotaient allègrement. Et c'est là que le petit miracle s'est produit ! Sans contredit, les baleines avaient entendu notre chanson puisqu'elles se sont dirigées droit sur nous, louvoyant parmi les autres esquifs pour venir nous rejoindre et nager tout près de nous.

Pendant plus d'une heure, nous avons assisté dans le plus pur ravissement aux ébats prestigieux d'une dizaine de baleines à bosse, regroupées par famille de deux ou trois, chaque membre rivalisant pour attirer notre attention. Même notre navigateur n'en revenait pas et disait n'avoir, en plus de dix ans de métier, jamais assisté à un tel spectacle ! Nous étions trop éblouis par ce qui se passait autour de notre canot pour penser à prendre des photos, mais ce souvenir exceptionnel restera à jamais présent dans nos cœurs... Et, depuis, j'aspire de toute mon âme à revivre d'autres moments aussi précieux en compagnie de visiteurs d'ici et d'ailleurs.

Dans les semaines qui ont suivi, j'ai eu le bonheur de faire plusieurs rencontres intéressantes dans mon village et les environs. Serge et moi avons profité d'une journée de congé pour aller faire une randonnée dans la montagne face à notre chalet et, sur place, nous avons éprouvé le même sentiment de fouler une terre sacrée et imprégnée d'histoire. Pourtant, il n'y avait aucune trace de civilisation à des kilomètres à la ronde, mais nous sentions que, si nous pouvions sortir des sentiers balisés, nous découvririons des surprises de taille au plus profond de la forêt sauvage.

Je cherchais donc à savoir à qui pouvait appartenir la montagne pour aller demander à cette personne la permission de m'aventurer hors des sentiers pédestres, me préparant à faire une recherche auprès de la municipalité. Toutefois, ayant besoin d'un bon massage, j'ai déniché une massothérapeute, Sylvie, tout près de chez moi qui a pu, comme par hasard, m'éclairer à ce sujet. Celle-ci ayant grandi dans le village de Sainte-Brigitte, elle avait parcouru les moindres parcelles de boisé et aperçu de nombreuses pierres levées ainsi que des secteurs entiers de la forêt particulièrement entourés d'une aura de mystère. Mieux encore, Sylvie m'expliqua qu'une partie de la montagne appartenait à sa famille et qu'elle serait ravie de me montrer toutes les zones qui valaient la peine d'être examinées de plus près.

Sachant que mon amie Lucie serait ravie de nous accompagner, nous avons donc planifié une rencontre dès la semaine suivante. Bien entendu, la magie était au rendez-vous. Tous les êtres de la nature qui m'avaient honorée de leur présence depuis mon arrivée dans la région nous entouraient et guidaient nos pas vers les diverses portes multidimensionnelles, ces dernières conduisant fort probablement à la cité de lumière que j'avais aperçue plusieurs fois dans mes rêves.

Au cours de notre exploration, nous avons trouvé des pierres identiques à celles remarquées, déjà, au pied du mont Bugarach et à Brocéliande. Sans même hésiter, j'ai aussitôt informé mes acolytes qu'un vaisseau cosmique devait se trouver à proximité. Sylvie se montrait sceptique, mais, suivant les indications reçues à travers ma connexion à la *Bible des Âmes*, je me suis rapidement retrouvée face à un grand trou rectangulaire à l'aspect familier, situé à moins de vingt mètres des pierres levées **(voir Illustrations # 27 et 28)**.

Lucie et moi avons d'ailleurs ressenti la même chose qu'au Tombeau des géants. Nous nous sommes alors empressées de faire expérimenter en direct à notre copine l'activation de cette fabuleuse navette interstellaire, et ce, jusqu'au plus profond de ses propres cellules vivantes…

Finalement, cet après-midi dans la montagne m'aura permis de boucler une grande boucle existentielle. En réalisant que dans ma propre contrée, juste sous mes yeux, se trouvaient les mêmes merveilles que celles dénichées un peu partout sur le globe, j'ai pu réaliser qu'en fait, tous les lieux énergétiques sur la planète sont reliés entre eux par des courants invisibles… et que l'Histoire ne fait que se répéter, de siècle en siècle, pour les humains comme pour tous les êtres vivants dans la troisième dimension.

Il n'était donc plus nécessaire pour moi de voyager dans d'autres pays ou de visiter d'autres sites sacrés à l'autre bout du monde : je prenais aujourd'hui conscience que « tout ce qui est nécessaire à notre évolution se trouve toujours là où nous en avons besoin, à portée de la main, n'attendant qu'à se révéler pour notre plus grand bénéfice ».

Depuis ce jour, je me contente de savourer quotidiennement tous les avantages que me procurent mon petit paradis terrestre ainsi que mes contacts privilégiés avec les esprits de la nature, les entités habitant dans la cité souterraine et, bien entendu, avec Gaïa, ma complice de toujours, la voix de ma conscience et mon guide favori. Dans mon petit chalet de montagne, je prends du bon temps, laissant venir à moi les chercheurs de vérité désireux d'échanger en toute simplicité sur ce que la *Bible des Âmes* nous permet de guérir en nous-mêmes, en faisant la paix avec notre passé.

> « J'ai longtemps cru que je devais donner du poisson aux gens pour les nourrir. Puis, j'ai compris qu'il valait mieux leur apprendre à pêcher afin qu'ils deviennent autonomes. Aujourd'hui, je n'ai plus qu'une seule envie, ouvrir toute grande la porte de mon cœur, inviter mes proches à y entrer et les inviter à s'asseoir à mes côtés afin que nous nous amusions à pêcher ensemble, tout simplement. »

Épilogue

Et si notre unique mission ici sur terre se résumait à emmagasiner le plus d'énergie lumineuse possible pour ensuite en rayonner allègrement autour de nous ? À travers toutes les expériences qui ont marqué ma vie, j'ai fini par réaliser que ce que je dis, fais ou accomplis n'a, au fond, guère d'importance. Ce qui m'apparaît essentiel, par contre, c'est ce que je « ressens » au plus profond de moi-même, peu importe les circonstances. Je constate que, lorsque je me sens heureuse, comblée et épanouie, ma joie devient contagieuse bien au-delà des mots ou de tous les enseignements que je transmets.

Ainsi, se pourrait-il que mon « contrat d'incarnation » consiste tout simplement à retrouver cet état de béatitude illimité qui englobe tout mon être, illumine toutes mes cellules et, par la suite, se transmet par « contamination positive » à tout ce qui vit autour de moi ? Il n'y aurait donc pas de « mission » précise ou absolue dans laquelle nous devons nous engager à tout prix. Peu importe nos choix professionnels, nos aspirations à aider l'humanité tout entière ou nos désirs de faire advenir la paix dans le monde… tant qu'il subsiste la moindre parcelle de souffrance en nous-mêmes, celle-ci se communique autour de nous de manière concrète et irrémédiable, malgré tous nos efforts pour en faire abstraction !

En définitive, les deux phrases importantes qui ont le plus influencé mon parcours spirituel sont celles-ci : « La vie, l'univers et les autres me traitent non pas comme je traite les autres, mais bien comme je me traite moi-même ! » et « Tant que je crois avoir à "faire mes preuves", face aux autres ou à moi-même, la vie m'enverra des "épreuves" pour que je puisse relever le défi et enfin me reconnaître à ma juste valeur ! »

Autrement dit, si ma partie humaine évolue encore dans la souffrance et le malheur, c'est parce que je n'ai pas encore suffisamment accueilli et intégré ma partie divine, pourtant déjà présente dans tout mon être… Il n'y a rien à « faire » de spécial, juste à « être » ! Et s'il me suffisait tout simplement de me « souvenir » de qui « JE SUIS » réellement ?

Accueillir et emmagasiner l'énergie de lumière au point où elle « déborde » de toute part, pour ensuite aller illuminer tous ceux qui m'entourent. Tellement simple, quand on y pense, mais si difficile à concrétiser !

Autour de moi, il me semble que je côtoie de nombreuses personnes qui n'ont retenu qu'une seule des deux parties de l'équation. Certaines d'entre elles consacrent tous leurs efforts à « accumuler » le plus possible d'énergie, que ce soit sous forme « d'avoir » (des biens, des possessions, des fortunes, etc.) ou de « pouvoirs » (titres, diplômes, compétences, réussites ou autres). Tandis que les autres s'évertuent plutôt à « rayonner », à faire une différence dans la vie des autres (aider, écouter, rendre service, donner des conseils…), au point de s'oublier totalement et de négliger leurs propres besoins.

À chaque bout du spectre, les uns et les autres croient fermement que leurs croyances, leurs aspirations et leurs attitudes sont meilleures que celles de leurs « opposants », sans prendre conscience qu'en étant ainsi polarisés, ils continuent d'évoluer dans la dualité et de maintenir l'état de séparation entre l'humain et le divin à l'intérieur d'eux-mêmes…

Or, depuis quelques années, nous assistons à de grands changements de paradigmes sur le plan planétaire. De plus en plus de personnes « matérialistes » traversent des périodes difficiles (perte d'emploi, rupture, maladie ou autre) qui les incitent à se poser davantage de questions sur les raisons pour lesquelles de tels malheurs surviennent ou sur le sens de leur existence à proprement parler. Les « humanistes », quant à eux, n'en peuvent plus de s'épuiser à aider les autres et comprennent qu'ils doivent aussi apprendre à recevoir et prendre mieux soin de leur personne… Comme dans toute chose, un retour à l'équilibre s'impose, tant sur le plan personnel que planétaire. Serait-ce là la fameuse « inversion des pôles » prophétisée par les adeptes du Nouvel Âge ?

Fréquemment, je me plais à imaginer un univers où les gens qui donnent leur vie pour les autres s'appliquent désormais à faire passer d'abord leurs propres besoins en premier – donc à « accumuler » davantage d'énergie de lumière en eux-mêmes – tandis que, simultanément, les puissants de ce monde réalisent que ce qui les rendrait vraiment heureux, serait de partager le meilleur d'eux-mêmes… Puisque les « idéalistes » redescendent sur terre au moment même où les « prosaïques » s'éveillent et élèvent leur conscience, je visualise qu'ensemble, ils cherchent de plus en plus à trouver le « juste milieu », à viser l'équilibre et l'harmonie pour tous. Quelles merveilles pourraient advenir si ceux qui rêvent d'un monde meilleur se retrouvaient autour d'une grande table avec ceux qui ont les moyens d'y parvenir ?

La pauvreté pourrait disparaître, la pollution être éliminée, la paix s'installer pour de bon de par toute la terre ! Mais, cela ne peut se concrétiser que si chacun s'intériorise et se demande comment retrouver d'abord la paix et l'équilibre en lui-même. Tant que nous sommes polarisés, séparés de notre divinité intrinsèque, nous continuerons de nous « battre » pour assurer notre survie et surmonter les « épreuves » de notre existence.

Il y a quelque temps, j'ai visionné sur internet une entrevue de l'écrivaine Christiane Singer dans laquelle elle raconte l'histoire d'un vieux rabbin qui se demandait ce qu'il pourrait bien faire du reste de ses jours pour améliorer le monde autour de lui. La réponse qui lui est venue, disait-elle, était toute simple : « Ne laisse aucune trace de ta souffrance sur cette Terre. » Celui-ci avait pourtant longuement travaillé à transmuer les blessures du passé et à se libérer de ses démons intérieurs, cependant, il s'est alors souvenu qu'à l'adolescence, pendant la guerre, il avait été attaqué par de jeunes nazis qui lui ont lancé des pierres et l'ont laissé pour mort sur un pont de Vienne. Il a donc choisi de revenir, des décennies plus tard, dans sa ville natale pour retrouver ce pont où il avait laissé une partie de son enfance. L'écrivaine rapporte qu'il a alors pris par la main l'enfant qu'il avait été pour l'emmener avec lui dans son cœur. Ainsi, plus aucune trace de la souffrance du vieux rabbin ne demeurait dans cette ville.

Cet émouvant récit m'a non seulement profondément touchée, mais il m'a permis de comprendre tous ces voyages effectués dans des contrées étrangères, seule ou en groupe, et cette recherche ultime de lieux hautement énergétiques, propices à l'élévation de conscience : tout ce temps, ce sont donc toutes des parties de moi que je tentais de guérir, aspirant à soulager la souffrance que j'avais laissée derrière moi au fil de mes incarnations…

Je n'ai pas eu à consulter d'innombrables médiums ou thérapeutes pour qu'ils me révèlent les secrets de mes vies antérieures : la *Bible des Âmes* s'est chargée de faire monter en moi les souvenirs les plus pertinents au moment juste et le plus propice à ma propre libération intérieure, en douceur et sans effort. Plus que tout, chaque fois, j'ai réalisé que seuls deux choix se présentaient à moi : continuer de regarder en arrière en travaillant sur la blessure du passé ou m'ouvrir au divin en moi-même afin de faire advenir le meilleur dans ma vie et dans tout mon être…

La souffrance, la méchanceté et le malheur n'existent que dans les limites de notre conscience humaine. Sur le plan divin, tout est juste et parfait pour notre évolution et la pleine reconnaissance de notre nature profonde. Encore une fois, et s'il me suffisait de me souvenir de l'être divin, éternel et illimité que « JE SUIS » vraiment, pour ensuite enseigner à tous, par mon témoignage vivant, qu'il est possible de suivre mon exemple en disant « oui » à leur tour ?

C'est cette vérité que je m'applique, bien humblement, à partager autour de moi au cœur de mon quotidien, de même que dans mes ateliers, cours et formations ou à travers mes consultations individuelles. Et je ne peux que remercier toutes les personnes qui, de près ou de loin, ont contribué au fil de mon cheminement à favoriser toutes ces illuminations intérieures…

Et si les leçons de vie reçues ces dernières années me confirment dans ma décision de ne plus « éparpiller mes énergies » en parcourant le monde à travers maintes tournées promotionnelles, il n'en demeure pas moins que la visite de lieux hautement vibratoires, pour tout ce que cela m'a apporté, fait encore partie de mes projets à long terme. Mais surtout, ayant réalisé que le Québec est en soi une Terre sacrée, empreinte de magie et de mystères fabuleux, je planifie d'organiser, au cours des prochaines années, de nombreux séjours initiatiques ici même, afin d'accueillir en nature des personnes en provenance de partout dans le monde pour qu'elles puissent vivre des expériences inoubliables et, je l'espère, en bénéficier tout autant que moi…

Si cela vous interpelle ou que vous connaissez des gens susceptibles d'être intéressés par les outils que je propose, je vous invite à consulter mon site web : www.biancagaia.com ou à communiquer avec moi par courriel : info@biancagaia.com.

Au plaisir de vous rencontrer et de partager avec vous en toute amitié !

Votre petite sœur de Lumière, Bianca Gaïa

MARQUIS

Québec, Canada

RECYCLÉ
Papier fait à partir de matériaux recyclés
FSC® C103567
FSC
www.fsc.org

Imprimé sur du papier Enviro 100% postconsommation
traité sans chlore, accrédité ÉcoLogo et fait à partir de biogaz.

100%

PERMANENT

BIO GAZ
ÉNERGIE